I0489164

AUDITORIA PARA CONCURSOS PÚBLICOS

SÉRIE CONCURSOS PÚBLICOS

ZÉLIO CABRAL

1ª. EDIÇÃO – BRASIL - 2018

"Não existem empresas sem falhas, existem empresas bem ou mal auditadas e ou mal controladas".

(Dr. Stephen Kanitz, iniciador da revista anual Exame "500 Maiores e Melhores do Brasil")

"Instruir-te-ei e ensinar-te-ei o caminho que deves seguir; guiar-te-ei com os meus olhos."

(Salmos 32.8)

SUMÁRIO

Capítulo 4 – Gerenciamento de Risco

Introdução

Esta obra é fruto de um trabalho que se iniciou no meu desejo de suprir a carência de um material amplo e objetivo sobre Auditoria.

Aqui, apresentamos as normas sobre Auditoria de modo objetivo e completo, de forma que o estudante possa ter em mãos um único material suficiente para a sua preparação. Daí o diferencial deste livro, que privilegiou a objetividade do assunto para facilitar o aprendizado do candidato que se prepara para concursos públicos na área fiscal.

Adotei uma didática que apresenta um programa que concilie a pesquisa acadêmica que procura identificar o que é habitual sobre o assunto almejado e os editais de concursos públicos que enfatizam a prática profissional. Tudo para capacitar e preparar o candidato para realizar o exame com êxito e de maneira segura.

Este é um manual prático e fácil destinado a candidatos a concursos públicos da área fiscal, principalmente Bacen, Esaf (auditor fiscal e técnico do Tesouro Nacional), INSS, Tribunal de Contas, contador (Estados e Municípios) e outras carreiras públicas.

Vale frisar, ainda, que, em face da amplitude do conteúdo, o livro pode servir como referência e fonte de informação aos estudantes em geral da Contabilidade.

Que esta obra venha a atender aos anseios de todos àqueles que almejam ingressar na carreira pública.

Zélio Cabral

Capítulo 1 - Introdução à Auditoria

1.1 – Histórico

A história da auditoria se perdeu no decorrer do tempo, e o nome do primeiro auditor talvez permaneça para sempre ignorado.

Aqui no Brasil, não existem divulgações de pesquisas sobre as origens da auditoria, sendo somente certo que teve origem inglesa. Segundo Jund (2002c, p. 5): Apesar de formalmente organizada em 26 de março de 1957, quando formado o Instituto de Contadores Público no Brasil, em São Paulo, a auditoria foi oficialmente reconhecida apenas em 1968, por ato do Banco Central do Brasil. O fortalecimento da atividade, todavia, ocorreu em 1972, por regulamentações do Banco Central do Brasil, conselho Federal de contabilidade e Instituto dos Auditores Independentes.

Posteriormente, face ao desenvolvimento da economia e a abertura do Mercado de capitais, com a entrada de grandes multinacionais a Auditoria passou a ser exigida pela matriz daquelas empresas em relação a suas filias aqui no Brasil.

A cada ano, a sociedade vem descobrindo os benefícios da Auditoria, fato este é a exposição da corrupção pública da gestão de vários prefeitos, que começa desde a maior cidade da América Latina, São Paulo, e finda nas pequenas cidades do interior.

Nos Estados Unidos, assim como em outras nações, o costume maior de investimentos é nas Bolsas de Valores e, os acionistas, desde os minoritários, tem o interesse em saber se as empresas são auditadas, por quem são auditadas, e qual o resultado da auditoria. Isto é não somente um costume, é imprescindível para a conferência da saúde financeira das empresas.

1.2 - Conceituação de Auditoria Interna, Independência e Objetividade

Conforme descreve Antônio Lopes Sá, no livro Curso de Auditoria. 9.ed. São Paulo: Atlas, 2000, "**Auditoria é uma tecnologia contábil aplicada ao sistemático exame dos registros, demonstrações e de quaisquer informes ou elementos de consideração contábil, visando a apresentar opiniões, conclusões, críticas e orientações sobre situações ou fenômenos patrimoniais da riqueza aziendal, pública ou privada, quer ocorridos, quer por ocorrer ou prospectados e diagnosticados**".

Diferenças básicas entre Auditoria Interna e Auditoria Externa

De forma global, o trabalho executado pela Auditoria Interna é idêntico aquele executado pela Auditoria externa. Ambas realizam seus trabalhos utilizando-se das mesmas técnicas de auditoria, ambas têm sua atenção voltada para o controle interno como ponto de partida de seu exame e formulam sugestões de melhorias para as deficiências encontradas, ambas modificam a extensão de seu trabalho de acordo com as suas observações e a eficiência dos sistemas contábeis e de controles internos existentes.

Entretanto, os trabalhos executados pelos Auditores Internos e Externos têm suas diferenças básicas caracterizadas por:

lementos	Principais diferenças	
	Externa	Interna
Profissional	Profissional Independente	Funcionário da empresa
Ação	Exame das demonstrações contábeis e trabalhos especiais	Exame dos controles internos
Finalidade	Opinar sobre as demonstrações contábeis	Promover a melhoria dos controles internos
Produto final	Parecer contábil	Recomendações para eficiência administrativa
Independência	Amplo	Restrito
Responsabilidade	Empresa, público, clientes, fornecedores e governo	Empresa
Continuidade	Periódico	Contínuo

Depois de vermos sobre o conceito de auditoria e ver as diferenças entre auditoria externa e auditoria interna, chegamos ao enquadramento do que é Auditoria operacional, suas características, assim como suas finalidades e objetivos. Entretanto, precisamos entender que as diversas nomenclaturas que vamos mencionar a seguir são modalidades de auditorias que podemos caracterizar de acordo com a atividade desenvolvida pela Auditoria operacional. Vejamos a seguir.

1 Auditoria de Gestão: auditoria que objetiva emitir opinião com vistas a certificar a regularidade das contas, verificar a execução de contratos, acordos, convênios ou ajustes e a probidade na aplicação dos recursos e na guarda e zelo dos valores e do patrimônio das empresas ou organizações.

2 Auditoria Especial: tem o objetivo de examinar fatos ou situações que não estejam atendendo aos objetivos das empresas ou organizações. Normalmente, é realizada a partir de fatos relevantes, de natureza incomum ou extraordinário, sendo realizada para atender determinação expressa de autoridade competente, administração, sócios e acionistas, entre outros.

3 Auditoria de Logística: auditoria que atua na estrutura de logística da empresa ou organização, com a verificação do gerenciamento do portfólio das atividades que compõem o negócio, clientes, fornecedores, processos, marketing etc.

4 Auditoria de Riscos: as auditorias de riscos são realizadas em função dos riscos que as empresas e organizações possuem e de acordo com os fatos significativos que podem criar uma situação de impossibilidade para consecução dos objetivos de negócios estabelecidos.

5 Auditoria de Sistemas: faz-se necessária nos dias atuais, com a consolidação do departamento de T.I. (tecnologia e informação) nas estruturas organizacionais, que de forma integrada estão presentes em todas as organizações, e deve levar em conta a observância e a avaliação da segurança, da vulnerabilidade, do controle e do *back-up*. Enfim, todas as formas de auditoria que estejam ligadas à atividade das empresas e organizações, seja o nome que estiver sendo utilizado, podem ser consideradas uma auditoria operacional, se estiver enquadrada nas características, finalidades e nos objetivos apresentados nesta unidade.

A condição de independência é fundamental e óbvia para o exercício da atividade de auditoria independente. Entende-se como independência o estado no qual as obrigações ou os interesses da entidade de auditoria são, suficientemente, isentos dos interesses das entidades auditadas para permitir que os serviços sejam prestados com objetividade. Em suma, é a capacidade que a entidade de auditoria tem de julgar e atuar com integridade e objetividade, permitindo a emissão de relatórios ou pareceres imparciais em relação à entidade auditada, aos acionistas, aos sócios, aos quotistas, aos cooperados e a todas as demais partes que possam estar relacionadas com o seu trabalho.

A independência exige:

a) independência de pensamento – postura que permite expressar uma opinião sem ser afetado por influências que comprometem o julgamento profissional, permitindo à pessoa agir com integridade, objetividade e ceticismo profissional;

b) aparência de independência – evitar fatos e circunstâncias significativos a ponto de um terceiro bem informado, tendo conhecimento de todas as informações pertinentes, incluindo as salvaguardas aplicadas, concluir dentro do razoável que a integridade, a objetividade ou o ceticismo profissional de uma entidade de auditoria ou de um membro da equipe de auditoria ficaram comprometidos.

Independência pode ser afetada por ameaças de interesse próprio, auto-revisão, defesa de interesses da entidade auditada, familiaridade e intimidação.

Ameaça de interesse próprio ocorre quando uma entidade de auditoria ou um membro da equipe de auditoria poderia auferir benefícios de um interesse financeiro na entidade auditada, ou outro conflito de interesse próprio com essa entidade auditada.

Ameaça de auto-revisão ocorre quando o resultado de um trabalho anterior precisa ser reanalisado ao serem tiradas conclusões sobre o trabalho de auditoria ou quando um membro da equipe de auditoria era, anteriormente, administrador ou diretor da entidade auditada, ou era um funcionário cujo cargo lhe permitia exercer influência direta e importante sobre o objeto do trabalho de auditoria.

Ameaça de defesa de interesses da entidade auditada ocorre quando a entidade de auditoria ou um membro da equipe de auditoria defendem ou parecem defender a posição ou a opinião da entidade auditada, a ponto de poderem comprometer ou darem a impressão de comprometer a objetividade. Pode ser o caso da entidade de auditoria ou membro da equipe de auditoria que subordina seu julgamento ao da entidade auditada.

Ameaça de familiaridade ocorre quando, em virtude de um relacionamento estreito com uma entidade auditada, com seus administradores, com diretores ou com funcionários, uma entidade de auditoria ou membro da equipe de auditoria passam a se identificar, demasiadamente, com os interesses da entidade auditada.

Ameaça de intimidação ocorre quando um membro da equipe de auditoria encontra obstáculos para agir, objetivamente, e com ceticismo profissional devido a ameaças, reais ou percebidas, por parte de administradores, diretores ou funcionários de uma entidade auditada.

A entidade de auditoria e os membros da equipe de auditoria têm a responsabilidade de manter-se independentes, levando em conta o contexto em que exercem suas atividades, as ameaças à independência e as salvaguardas disponíveis para eliminar as ameaças ou reduzi-las a um nível aceitável.

Quando são identificadas ameaças, exceto aquelas, claramente, insignificantes, devem ser definidas e aplicadas salvaguardas adequadas para eliminar a ameaça ou reduzi-la a um nível aceitável. Essa decisão deve ser documentada. A natureza das salvaguardas a aplicar varia conforme as circunstâncias. Sempre se deve considerar o que um terceiro bem informado, tendo conhecimento de todas as informações pertinentes, incluindo as salvaguardas aplicadas, concluiria, numa avaliação razoável, ser inaceitável. A consideração do auditor é afetada por questões como a importância da ameaça, a natureza do trabalho de auditoria, os usuários previstos do relatório e a estrutura da entidade de auditoria.

As entidades de auditoria devem instituir políticas e procedimentos relativos às comunicações de independência com os organismos de governança da entidade auditada. No caso da auditoria de entidades registradas em bolsas de valores, a entidade de auditoria deve comunicar, formalmente, ao menos uma vez por ano, todos os relacionamentos e as outras questões entre a entidade de auditoria, as entidades de auditoria por rede e a entidade auditada que, de acordo com o julgamento profissional da entidade de auditoria, podem ser consideradas, em uma perspectiva razoável, como afetando a independência. Os assuntos a serem comunicados variam em cada caso e devem ser decididos pela entidade de auditoria, mas devem, em geral, tratar dos assuntos relevantes expostos nesta norma.

PERDA DE INDEPENDÊNCIA

Determinadas situações caracterizam a perda de independência da entidade de auditoria em relação à entidade auditada. Assim sendo, são apresentados alguns exemplos dessas situações e das ações a serem tomadas pela entidade de auditoria:

Interesses financeiros são a propriedade de títulos e valores mobiliários e quaisquer outros tipos de investimentos adquiridos ou mantidos pela entidade de auditoria, seus sócios, membros da equipe de auditoria ou membros imediatos da família destas pessoas, relativamente à entidade auditada, suas controladas ou integrantes de um mesmo grupo econômico, dividindo-se em diretos e indiretos.

Interesses financeiros diretos são aqueles sobre os quais o detentor tem controle, seja em ações, debêntures ou em outros títulos e valores mobiliários; e

Interesses financeiros indiretos são aqueles sobre os quais o detentor não tem controle algum, ou seja, são interesses em empresas ou outras entidades, mantidas por titular beneficiário mediante um plano de investimento global, sucessão, fideicomisso, fundo comum de investimento ou entidade financeira sobre os quais a pessoa não detém o controle nem exerce influência significativa. A relevância de um interesse financeiro indireto deve ser considerada no contexto da entidade auditada, do trabalho e do patrimônio líquido do indivíduo em questão. Um interesse financeiro indireto é considerado relevante se seu valor for superior a 5% do patrimônio líquido da pessoa. Para esse fim, deve ser adicionado o patrimônio líquido dos membros imediatos da família.

Se a entidade de auditoria, um membro da equipe de auditoria ou o responsável técnico do trabalho de auditoria ou outros membros dentro da entidade de auditoria, em nível gerencial, que possam influenciar o resultado dos trabalhos, ou um membro imediato da família destas pessoas tiver um interesse financeiro direto ou um interesse financeiro indireto relevante na entidade auditada, está caracterizada a perda de independência.

As únicas ações disponíveis para eliminar a perda de independência são:

a) alienar o interesse financeiro direto antes de a pessoa física tornar-se membro da equipe de auditoria;

b) alienar o interesse financeiro indireto relevante em sua totalidade ou alienar uma quantidade suficiente dele para que o interesse remanescente deixe de ser relevante antes de a pessoa tornar-se membro da equipe de auditoria; ou

c) afastar o membro da equipe de auditoria do trabalho da empresa auditada.

No caso de sócio da entidade de auditoria ou membro imediato de sua família, as ações de que tratam as alíneas "a" e "b" acima devem ser tomadas antes do início dos trabalhos.

A violação inadvertida no tocante a interesse financeiro em uma entidade auditada não prejudicaria a independência da entidade de auditoria, da entidade de auditoria por rede ou de um membro da equipe de auditoria se:

a) a entidade de auditoria e a entidade de auditoria por rede têm políticas e procedimentos instituídos que requerem que todos os profissionais informem, prontamente, à entidade de auditoria quaisquer violações resultantes da compra, da herança ou de outra forma de aquisição de um interesse financeiro na entidade auditada;

b) a entidade de auditoria e a entidade de auditoria por rede informam, prontamente, o profissional que o interesse financeiro deve ser alienado; e

c) a alienação for efetuada quando da identificação do problema, ou o profissional é afastado da equipe de auditoria.

No caso de sócio da entidade de auditoria ou membro imediato de sua família, as ações de que tratam as alíneas "a" e "b" acima devem ser tomadas antes do início dos trabalhos.

A violação inadvertida no tocante a interesse financeiro em uma entidade auditada não prejudicaria a independência da entidade de auditoria, da entidade de auditoria por rede ou de um membro da equipe de auditoria se:

a) a entidade de auditoria e a entidade de auditoria por rede têm políticas e procedimentos instituídos que requerem que todos os profissionais informem, prontamente, à entidade de auditoria quaisquer violações resultantes da compra, da herança ou de outra forma de aquisição de um interesse financeiro na entidade auditada;

b) a entidade de auditoria e a entidade de auditoria por rede informam, prontamente, o profissional que o interesse financeiro deve ser alienado; e

c) a alienação for efetuada quando da identificação do problema, ou o profissional é afastado da equipe de auditoria.

Quando ocorrer uma violação inadvertida no tocante a um interesse financeiro na entidade auditada, a entidade de auditoria deve considerar se devem ser aplicadas salvaguardas que podem ser:

a) obtenção da participação de um auditor adicional que não tenha feito parte do trabalho de auditoria para revisar o trabalho feito pelo membro da equipe de auditoria; ou

b) exclusão da pessoa da tomada de decisões importantes referentes ao trabalho de auditoria.

A perda de independência pode-se dar ainda por:

a) operações de créditos e garantias com a entidade auditada;

b) relacionamentos comerciais com a entidade auditada;

c) relacionamentos familiares e pessoais com a entidade auditada;

d) atuação como administrador ou diretor de entidade auditada.

OPERAÇÕES DE CRÉDITOS E GARANTIAS

A entidade de auditoria, sócios, membros da equipe e membros imediatos da família destas pessoas não podem ter operações relevantes de operações de créditos ou garantia de operações de créditos com instituições financeiras que sejam entidade auditada. As seguintes transações são permitidas, se realizadas dentro dos requisitos e das condições oferecidos a terceiros:

a) operações de créditos para aquisição de veículo;

b) arrendamento de veículo;

c) saldos em cartão de crédito que não superem 20 salários-mínimos;

d) operações de créditos para aquisição de imóveis, com garantia.

Caso o empréstimo não seja feito em condições normais de crédito para quaisquer das partes, é necessária uma das seguintes ações para impedir a caracterização da perda de independência:

a) liquidação total do empréstimo pela entidade de auditoria;

b) liquidação total do empréstimo pelo sócio ou membro da equipe da entidade de auditoria;

c) afastamento do sócio ou membro da equipe de trabalho de auditoria.

É, expressamente, proibida para entidades de auditoria, sócios, membros da equipe e membros da família destas pessoas a obtenção de operações de créditos por meio de entidades auditadas.

Não devem ser considerados, para efeito de independência, as operações de créditos contratados em período anterior ao relacionamento do auditor independente com a instituição financeira, ou antes, que o profissional faça parte da equipe de auditoria, desde que tenha sido contratado em condições de mercado e mantidos os prazos e as condições originais.

Se a entidade de auditoria ou um membro da equipe de auditoria conceder empréstimo a uma entidade auditada que não seja um banco ou instituição semelhante, ou garantir um empréstimo tomado por essa entidade auditada, a ameaça de interesse próprio criada seria tão importante que nenhuma salvaguarda poderia reduzir a ameaça a um nível aceitável, a menos que o empréstimo ou a garantia fosse irrelevante tanto para a entidade de auditoria ou membro da equipe de auditoria como para a entidade auditada.

RELACIONAMENTOS COMERCIAIS COM A ENTIDADE AUDITADA

As transações comerciais da entidade de auditoria, de sócios e membros da equipe de auditoria com uma entidade auditada devem ser feitas dentro do curso normal de negócios e na mesma condição com terceiros. No entanto, essas operações não podem ser de tal dimensão que criem uma ameaça de interesse próprio.

Relacionamentos comerciais em condições diferenciadas, privilegiadas e relevantes com entidades auditadas afetam a independência do auditor e, nesses casos, deve ser adotada uma das seguintes ações:

a) terminar o relacionamento comercial;

b) substituir o membro da equipe que tenha relacionamento comercial;

c) recusar a realização do trabalho de auditoria.

RELACIONAMENTOS FAMILIARES E PESSOAIS

A perda de independência está sujeita a uma série de fatores, entre eles as responsabilidades do membro da equipe de auditoria no trabalho, a proximidade do relacionamento e o papel do membro da família ou de relacionamento pessoal na entidade auditada.

As funções ocupadas por pessoas próximas ou familiares, que prejudicam a independência da entidade de auditoria, são aquelas que:

a) exercem influência significativa sobre as políticas operacionais, financeiras ou contábeis. Em geral, diz respeito a uma pessoa que tem funções como presidente, diretor, administrador, gerente geral de uma entidade auditada;

b) exercem influência nas Demonstrações Contábeis da entidade auditada. Em geral, diz respeito a funções consideradas críticas no ambiente contábil como controller, gerente de contabilidade, contador; e

c) são consideradas sensíveis sob o ponto de vista da auditoria. Em geral, inclui cargos com atribuições de monitoramento dos controles internos da entidade auditada, como, por exemplo, tesoureiro, auditor interno, gerente de compras/vendas, entre outras.

VÍNCULOS EMPREGATÍCIOS OU SIMILARES POR ADMINISTRADORES, EXECUTIVOS OU EMPREGADOS DA ENTIDADE AUDITADA MANTIDOS, ANTERIORMENTE, COM A ENTIDADE DE AUDITORIA

A independência da entidade de auditoria ou membro de sua equipe pode ser comprometida se um diretor ou um administrador ou empregado da entidade auditada, em condições de exercer influência direta e significativa sobre o objeto do trabalho de auditoria, tiver sido um membro da equipe de auditoria ou sócio da entidade de auditoria. Este comprometimento da independência ocorre dependendo dos seguintes fatores:

a) influência do cargo da pessoa na entidade auditada;

b) grau de envolvimento que a pessoa terá com a equipe de auditoria;

c) tempo decorrido desde que a pessoa foi membro da equipe de auditoria ou da entidade de auditoria;

d) cargo que a pessoa tiver exercido na equipe ou na entidade de auditoria.

Auditoria para Concursos Públicos

Após avaliados os fatores de que trata o item anterior, ações visando salvaguardar a independência da entidade de auditoria devem ser aplicadas, tais como as seguintes:

a) modificar o plano de auditoria, se necessário;

b) designar uma equipe de auditoria que inclua membros com experiência superior àquela do profissional que transferiu-se para a entidade auditada;

c) envolver um outro profissional que não seja membro da equipe de auditoria para revisar o trabalho realizado;

d) ampliar o nível de controle de qualidade do trabalho.

Nos casos estabelecidos na alínea "k" do item 1.2.10.6, as seguintes condições devem ser observadas:

a) a pessoa em questão não tem nenhum benefício da entidade de auditoria, a menos que, em razão de acordos feitos anteriormente e de montantes prefixados; além disso, o valor devido à pessoa pela entidade de auditoria não deve ser de importância que possa ameaçar a independência da entidade de auditoria; e

b) a pessoa não participa e não aparenta participar dos negócios ou da atividades da entidade de auditoria.

Constitui-se conflito de interesse e possível perda de independência da entidade de auditoria quando um sócio ou um membro da equipe de auditoria possa estar em processo de negociação para ingressar na entidade auditada. Essa ameaça é reduzida a um nível aceitável mediante a aplicação de todas as seguintes ações:

a) manter políticas e procedimentos no sentido de exigir que a pessoa envolvida com a entidade auditada, quanto ao seu possível ingresso como executivo ou empregado de tal entidade, notifique a entidade de auditoria sobre tal circunstância no momento inicial do processo;

b) não designar sócio ou membro da equipe que esteja em processo de negociação com a entidade auditada; e

c) avaliar a necessidade de realizar uma revisão, independentemente, de todos os julgamentos significativos feitos por aquela pessoa enquanto participava do trabalho.

Membros da entidade de auditoria que, anteriormente, eram administradores, executivos ou empregados da entidade auditada – a atuação como membro da equipe de auditoria de um ex-administrador, um executivo ou um empregado da entidade auditada, consideradas determinadas circunstâncias, caracteriza-se como perda de independência da entidade de auditoria. Isso se aplica, particularmente, no caso em que um membro da equipe tenha que reportar, por exemplo, sobre elementos das Demonstrações Contábeis que ele mesmo tenha preparado, ou ajudado a preparar, enquanto atuando na entidade auditada.

Se, durante o período coberto pela auditoria, um membro da equipe de auditoria tenha atuado como administrador ou como executivo da entidade auditada, ou tenha sido um empregado ocupando posição que lhe permitisse exercer influência direta e significativa no objeto da auditoria, a ameaça à perda de independência é tão significativa que nenhuma salvaguarda pode reduzi-la a um nível aceitável. Conseqüentemente, tais indivíduos não devem ser designados como membros da equipe de auditoria.

Se, durante período, imediatamente, anterior ao período coberto pela auditoria, um membro da equipe de auditoria tenha atuado como administrador ou como executivo da entidade auditada ou tenha sido um empregado, ocupando posição que lhe permitisse exercer influência direta e significativa no objeto da auditoria, isso pode criar ameaças de interesse próprio, de auto-revisão ou de familiaridade. Por exemplo, essas ameaças seriam criadas se uma decisão tomada ou um trabalho executado pelo indivíduo no período, imediatamente, anterior, enquanto empregado pela entidade auditada está para ser analisado como parte da auditoria no período corrente. A significância dessas ameaças depende de fatores como:

a) a posição que o indivíduo ocupava na entidade auditada;

b) o lapso de tempo decorrido de, no mínimo, dois anos desde que o indivíduo desvinculou-se da entidade auditada e venha exercer função de responsabilidade, como encarregado, supervisor ou gerente de equipe ou sócio da entidade de auditoria na condução dos trabalhos na entidade auditada;

c) a função que o indivíduo ocupa na equipe de auditoria.

A significância dessas ameaças deve ser avaliada e, se seu nível não for, claramente, insignificante, salvaguardas devem ser consideradas e aplicadas, conforme necessário, para reduzir tais ameaças a um nível aceitável. Tais salvaguardas podem incluir:

a) envolvimento de um outro profissional para revisar o trabalho executado pelo indivíduo enquanto membro da equipe de auditoria; ou

b) discussão do assunto com os órgãos de governança corporativa da entidade auditada.

ATUANDO COMO ADMINISTRADOR OU DIRETOR DE ENTIDADES AUDITADAS

Se um sócio ou um membro da entidade de auditoria atuar também como diretor, membro do conselho de administração, conselho fiscal ou executivo da entidade auditada, a ameaça criada à perda de independência é de tal magnitude que não existe salvaguarda ou ação a ser aplicada que possa impedir o conflito de interesse. E, neste caso, a realização do trabalho deve ser recusada.

ROTAÇÃO DOS LÍDERES DE EQUIPE DE AUDITORIA

a) manter políticas e procedimentos no sentido de exigir que a pessoa envolvida com a entidade auditada, quanto ao seu possível ingresso como executivo ou empregado de tal entidade, notifique a entidade de auditoria sobre tal circunstância no momento inicial do processo;

b) não designar sócio ou membro da equipe que esteja em processo de negociação com a entidade auditada; e

c) avaliar a necessidade de realizar uma revisão, independentemente, de todos os julgamentos significativos feitos por aquela pessoa enquanto participava do trabalho.

Membros da entidade de auditoria que, anteriormente, eram administradores, executivos ou empregados da entidade auditada – a atuação como membro da equipe de auditoria de um ex-administrador, um executivo ou um empregado da entidade auditada, consideradas determinadas circunstâncias, caracteriza-se como perda de independência da entidade de auditoria. Isso se aplica, particularmente, no caso em que um membro da equipe tenha que reportar, por exemplo, sobre elementos das Demonstrações Contábeis que ele mesmo tenha preparado, ou ajudado a preparar, enquanto atuando na entidade auditada.

Se, durante o período coberto pela auditoria, um membro da equipe de auditoria tenha atuado como administrador ou como executivo da entidade auditada, ou tenha sido um empregado ocupando posição que lhe permitisse exercer influência direta e significativa no objeto da auditoria, a ameaça à perda de independência é tão significativa que nenhuma salvaguarda pode reduzi-la a um nível aceitável. Conseqüentemente, tais indivíduos não devem ser designados como membros da equipe de auditoria.

Se, durante período, imediatamente, anterior ao período coberto pela auditoria, um membro da equipe de auditoria tenha atuado como administrador ou como executivo da entidade auditada ou tenha sido um empregado, ocupando posição que lhe permitisse exercer influência direta e significativa no objeto da auditoria, isso pode criar ameaças de interesse próprio, de auto-revisão ou de familiaridade. Por exemplo, essas ameaças seriam criadas se uma decisão tomada ou um trabalho executado pelo indivíduo no período, imediatamente, anterior, enquanto empregado pela entidade auditada está para ser analisado como parte da auditoria no período corrente. A significância dessas ameaças depende de fatores como:

a) a posição que o indivíduo ocupava na entidade auditada;

b) o lapso de tempo decorrido de, no mínimo, dois anos desde que o indivíduo desvinculou-se da entidade auditada e venha exercer função de responsabilidade, como encarregado, supervisor ou gerente de equipe ou sócio da entidade de auditoria na condução dos trabalhos na entidade auditada;

c) a função que o indivíduo ocupa na equipe de auditoria.

A significância dessas ameaças deve ser avaliada e, se seu nível não for, claramente, insignificante, salvaguardas devem ser consideradas e aplicadas, conforme necessário, para reduzir tais ameaças a um nível aceitável. Tais salvaguardas podem incluir:

a) envolvimento de um outro profissional para revisar o trabalho executado pelo indivíduo enquanto membro da equipe de auditoria; ou

b) discussão do assunto com os órgãos de governança corporativa da entidade auditada.

ATUANDO COMO ADMINISTRADOR OU DIRETOR DE ENTIDADES AUDITADAS

Se um sócio ou um membro da entidade de auditoria atuar também como diretor, membro do conselho de administração, conselho fiscal ou executivo da entidade auditada, a ameaça criada à perda de independência é de tal magnitude que não existe salvaguarda ou ação a ser aplicada que possa impedir o conflito de interesse. E, neste caso, a realização do trabalho deve ser recusada.

ROTAÇÃO DOS LÍDERES DE EQUIPE DE AUDITORIA

Visando possibilitar contínua renovação da objetividade e do ceticismo do auditor, necessários na auditoria, é requerida a rotação dos responsáveis técnicos pelos trabalhos na entidade auditada.

Alguns fatores que podem influenciar a objetividade e o ceticismo do auditor são:

a) tempo que o profissional faz parte da equipe de auditoria. O risco de perda da objetividade e do ceticismo pode ocorrer com o passar dos anos; e

b) função do profissional na equipe de auditoria. O risco de perda da objetividade e do ceticismo é maior no pessoal de liderança da equipe, ou seja, os responsáveis técnicos. Neste aspecto, entende-se que as demais funções da equipe de auditoria, ou seja, as funções de gerente, sênior ou encarregado e assistentes dedicam-se a realizar os trabalhos de auditoria e não a tomar decisões-chave. Adicionalmente, os trabalhos executados por estes últimos são revisados pelos membros mais experientes da equipe de auditoria e as conclusões obtidas são por estes corroboradas.

Visando impedir o risco de perda da objetividade e do ceticismo do auditor, é necessária a aplicação das seguintes ações:

a) rotação do pessoal de liderança da equipe de auditoria a intervalos menores ou iguais a cinco anos consecutivos; e

b) intervalo mínimo de três anos para o retorno do pessoal de liderança à equipe.

Como é impraticável a rotação nas entidades de auditoria de porte pequeno, com apenas um sócio ou diretor e auditores pessoas físicas, para atender ao estabelecido nas alíneas "a" e "b" acima nos anos em que se completarem os cinco anos e durante os próximos três anos dos prazos estabelecidos nesse item, seus trabalhos devem ser submetidos à revisão por outra entidade de auditoria, que emitirá relatório circunstanciado sobre a correta aplicação das normas profissionais e das técnicas nestes trabalhos, encaminhando-o ao Conselho Federal de Contabilidade até 31 de julho de cada ano.

PRESTAÇÃO DE OUTROS SERVIÇOS

As entidades de auditoria prestam, usualmente, outros serviços para as entidades auditadas, compatíveis com seu nível de conhecimento e capacitação.

As entidades de auditoria prestam, usualmente, outros serviços para as entidades auditadas, compatíveis com seu nível de conhecimento e capacitação.

As entidades auditadas valorizam os serviços proporcionados por essas entidades de auditoria quando estas possuem um bom entendimento do negócio e contribuem com conhecimento e capacitação em outras áreas. Além disso, muitas vezes, a prestação desses outros serviços, não de auditoria, proporcionam às equipes de auditoria desenvolvimento de conhecimentos relativos aos negócios e operações da entidade auditada, que são proveitosos para o próprio trabalho de auditoria.

A prestação desses outros serviços, entretanto, não pode criar ameaças à independência da entidade de auditoria ou de membros da equipe de auditoria.

Os princípios básicos que devem fundamentar qualquer regra de independência do auditor são:

a) o auditor não deve auditar o seu próprio trabalho;

b) o auditor não deve exercer funções gerenciais na entidade auditada;

c) o auditor não deve promover interesses da entidade auditada.

Conseqüentemente, é necessário avaliar se a realização desses outros serviços pode vir a criar conflitos de interesses e, por conseguinte, possível perda de independência.

Entre outros, os serviços abaixo, também chamados de consultoria, podem caracterizar a perda de independência:

a) serviços de avaliação de empresas e reavaliação de ativos;

b) serviços de assistência tributária, fiscal e parafiscal;

c) serviços de auditoria interna à entidade auditada;

d) serviços de consultoria de sistema de informação computadorizado;

e) serviços de apoio em litígios, perícia judicial ou extrajudicial;

f) serviços de finanças corporativas e assemelhados;

g) serviços de seleção de executivos;

h) registro (escrituração) contábil.

h.1) a execução, para uma entidade auditada, de serviços como a preparação de registros contábeis ou elaboração de Demonstrações Contábeis caracteriza-se como conflito de interesse e, conseqüentemente, perda de independência.

h.2) cabe à administração da entidade auditada providenciar, por intermédio de seu corpo de profissionais ou de contabilista independente, a manutenção dos registros contábeis e a elaboração de Demonstrações Contábeis, embora a entidade auditada possa solicitar assistência à entidade de auditoria;

h.3) porém, se a entidade de auditoria e o pessoal que presta assistência à entidade auditada tomarem decisões gerenciais, surge o conflito de interesses e, também neste caso, ocorre a perda da independência;

h.4) conseqüentemente, o pessoal da entidade de auditoria não deve tomar tais decisões. São exemplos de decisões gerenciais:

h.4.1) escriturar registros contábeis;

h.4.2) apurar ou alterar lançamentos em diários ou a classificação de contas ou operações ou outros registros contábeis sem obtenção da aprovação expressa da entidade auditada;

h.4.3) autorizar ou aprovar operações; e

h.4.4) preparar documento fonte de dados (inclusive decisões sobre premissas de avaliações) ou fazer alterações em tais documentos ou dados.

h.5) para os exemplos acima, não há nenhuma providência de salvaguarda para garantir a independência da entidade de auditoria, a não ser a recusa dos serviços de assistência à entidade auditada ou a recusa da realização da auditoria.

i) serviços de avaliação de empresas e reavaliação de ativos;

i.1) uma avaliação econômico-financeira compreende a formulação de premissas relativas a acontecimentos futuros, a aplicação de determinadas metodologias e técnicas e a combinação de ambas para calcular um determinado valor, ou intervalo de valores, para um ativo, um passivo ou uma entidade como um todo.

i.2) pode ser criada uma ameaça de auto-revisão quando uma entidade de auditoria ou uma entidade de auditoria por rede fizerem uma avaliação para uma entidade auditada que deva ser incorporada às Demonstrações Contábeis da entidade auditada. Neste caso, pode ser estabelecido o conflito de interesses quando uma entidade de auditoria fizer uma avaliação para uma entidade auditada, inclusive controladas, coligadas ou pertencentes ao mesmo grupo econômico a que deva ser incorporada, fusionada, cindida ou utilizada para a integralização de capital, caracterizando, assim, a perda de independência;

i.3) se o serviço de avaliação envolver questões relevantes para as Demonstrações Contábeis e um grau significativo de subjetividade, a ameaça de auto-revisão não pode ser reduzida a um nível aceitável mediante a aplicação de nenhuma salvaguarda. Dessa forma, tais serviços de avaliação não devem ser prestados ou, alternativamente, o trabalho de auditoria deve ser recusado;

i.4) a realização de serviços de avaliação que não são, nem separadamente nem em conjunto, relevantes para as Demonstrações Contábeis, e que não sejam utilizados na determinação de valores relevantes nas Demonstrações Contábeis ou que não envolvem um grau significativo de subjetividade, pode criar uma ameaça de auto-revisão capaz de ser reduzida a um nível aceitável mediante a aplicação de salvaguardas. Essas salvaguardas podem ser:

i.4.1) obter a participação de um auditor adicional que não tenha sido membro da equipe de auditoria para revisar o trabalho feito ou opinar conforme necessário;

i.4.2) confirmar com a entidade auditada o entendimento desta sobre as premissas de avaliação e a metodologia a serem usadas, e obter aprovação para seu uso;

i.4.3) obter da entidade auditada uma declaração de aceitação de responsabilidade pelos resultados do trabalho realizado pela entidade de auditoria; e

i.4.4) tomar providências para que o pessoal que prestar tais serviços não participe do trabalho de auditoria.

i.5) o mesmo ocorre com os serviços de avaliação a valor de reposição, de mercado ou similar para fins de reavaliação de ativos, para a constituição de reserva no patrimônio líquido da entidade auditada ou para qualquer outra forma de registro contábil;

i.6) a entidade de auditoria não deve realizar avaliações ou reavaliações para entidades auditadas nas quais o resultado, a valor de mercado ou a valor econômico, tenha, direta ou indiretamente, reflexos relevantes nas Demonstrações Contábeis que estiver auditando. Não há, portanto, para esses casos, nenhuma ação de salvaguarda que impeça a perda de independência, por não poder auditar o seu próprio trabalho, que não seja a recusa dos serviços de avaliação ou a renúncia à realização da auditoria. Conseqüentemente, no exercício seguinte, após as Demonstrações Contábeis terem sido auditadas por outro auditor independente, a entidade de auditoria que, atuando como especialista, efetuou a avaliação pode ser contratada sem quebra de independência, desde que o outro auditor independente não tenha compartilhado em seu parecer responsabilidade sobre o resultado da avaliação efetuada;

i.7) a emissão de laudo de avaliação a valores contábeis, apesar de se diferenciar de relatório de auditoria e acarretar responsabilidades profissionais distintas ao profissional que o elabora, é formulada com base na auditoria de um balanço patrimonial, pois tem como objeto o patrimônio mensurado de acordo com as Normas Brasileiras de Contabilidade, portanto, não configura a incompatibilidade ou o conflito de interesses com a prática da auditoria independente e, assim sendo, não resulta em perda de independência.

j) serviços de assistência tributária, fiscal e parafiscal;

j.1) é comum a entidade de auditoria ser solicitada a prestar serviços de consultoria tributária, fiscal e parafiscal a uma entidade auditada. Tais serviços compreendem uma gama variada de tipos, incluindo:

j.1.2) o cumprimento das leis e das normas;

j.1.3) a emissão de cartas-consultas;

j.1.4) a assistência técnica na solução de divergências quanto a impostos e contribuições; e

j.1.5) o planejamento tributário.

j.2) esses trabalhos não são, geralmente, considerados ameaças à independência da entidade de auditoria, pois não caracterizam a perda real ou suposta da sua objetividade e da sua integridade;

j.3) planejamento tributário é a atividade que auxilia a administração dos tributos, projeta os atos e fatos administrativos ou relacionados com a melhor abordagem no tratamento a ser dado a determinado produto ou serviço da entidade auditada, com o objetivo de mensurar quais os ônus tributários em cada uma das opções legais disponíveis, maximizando vantagens e reduzindo riscos, se efetuado em bases estritamente científicas;

j.4) entretanto, quando o denominado e já conceituado planejamento tributário é realizado sem levar em consideração bases estritamente científicas e não estiver amparado legalmente e suportado por documentação hábil e idônea, pode nascer a figura da fraude, do ato simulado ou dissimulado, podendo, nesse momento, proporcionar conflito de interesse e, portanto, a perda de independência da entidade de auditoria. Incluem-se, nesse contexto, os ditos planejamentos tributários que não tenham sido avaliados por consultores jurídicos externos e apresentando risco para a entidade auditada, ainda que haja a concordância e o consentimento da administração da entidade auditada. Geralmente, os honorários dos serviços de planejamento tributário cobrados pela entidade de auditoria, nestes casos, incluem importante parcela variável proporcional ao benefício conseguido pela entidade auditada. A forma de cobrança de honorários, entretanto, não é o fator determinante para a interpretação da perda de independência. Para estes casos, não há ação de salvaguarda a ser tomada pela entidade de auditoria que não seja a recusa da prestação do serviço de planejamento tributário ou a renúncia da realização dos trabalhos de auditoria independente;

j.5) não constituem perda de independência os serviços prestados pela entidade de auditoria relacionados com a resposta de solicitação de análise e conclusão sobre estruturação tributária elaborada pela administração da entidade auditada ou por terceiros por ela contratados.

k) serviços de auditoria interna à entidade auditada;

k.1) conflitos de interesse podem ser gerados pela prestação, pela entidade de auditoria independente, de serviços de auditoria interna a uma entidade auditada;

k.2) os serviços de auditoria interna realizados por uma entidade de auditoria são, geralmente, decorrentes da terceirização do departamento de auditoria interna ou da solicitação dos chamados trabalhos especiais de auditoria;

k.3) em certos casos, o cuidado na manutenção de determinadas salvaguardas a seguir listadas impede a existência do conflito de interesses e, por conseguinte, a perda de independência:

k.3.1) assegurar que o pessoal da entidade de auditoria não atue e nem pareça atuar em uma condição equivalente à de um membro da administração da entidade auditada;

k.3.2) assegurar que a entidade auditada reconheça sua responsabilidade por instituir, manter e monitorar o sistema de controle interno;

k.3.3) assegurar que a entidade auditada designe um funcionário competente, preferivelmente da alta administração, para ser o responsável pelas atividades de auditoria interna;

k.3.4) assegurar que a entidade auditada seja responsável por avaliar e determinar quais as recomendações da entidade de auditoria que devam ser implementadas;

k.3.5) assegurar que a entidade auditada avalie a adequação dos procedimentos de auditoria interna executados e as conclusões resultantes mediante a obtenção de relatórios da entidade de auditoria e a tomada de decisões com base nesses relatórios; e

k.3.6) assegurar que as conclusões e as recomendações decorrentes da atividade de auditoria interna sejam devidamente informadas aos responsáveis pela entidade auditada.

k.4) nos casos em que órgãos reguladores específicos de setores da atividade econômica restrinja a execução de trabalhos de auditoria interna, pela entidade de auditoria independente, esta deve atender àquela regulamentação.

Serviços de consultoria de sistemas de informação   computadorizados

l.1) caracteriza-se como conflito de interesse a prestação pela entidade de auditoria de serviços que envolvam o desenho e a implementação de sistemas de informações usados para gerar a informação contábil da entidade auditada, incluindo os serviços de remodelamento dos sistemas contábeis de qualquer natureza, como financeiro e de custos.

l.2) não há, portanto, para esses casos, nenhuma ação de salvaguarda que impeça a perda de independência que não seja a recusa dos serviços citados ou a renúncia à realização da auditoria.

l.3) constituem-se trabalhos da especialidade da entidade de auditoria e parte integrante de seus exames, portanto sem caracterizar perda de independência, os serviços do tipo:

l.3.1) diagnóstico substanciado em procedimentos de análise e crítica, desenvolvidos em um desenho já definido no qual especialistas da entidade de auditoria podem identificar riscos de sistemas, falhas de fluxo de informações e pontos de melhoria para aprimoramento do atual desenho;

l.3.2) assistência na revisão da configuração do sistema de controles internos e de informações, na qual o procedimento visa a eliminar erros ou conflitos identificados nos sistemas; e

l.3.3) elaboração de relatórios específicos sobre a qualidade dos controles internos e de informação da entidade auditada.

m) serviços de apoio em litígios, perícia judicial ou extrajudicial.

m.1) caracteriza-se como conflito de interesse a prestação, pela entidade de auditoria independente ou profissional pessoa física pertencente ao seu quadro, de serviços que envolvam a atividade de perito nas esferas judicial ou extrajudicial (esferas administrativas ou juízo privado–arbitragem).

m.2) não há, portanto, para esses casos, nenhuma ação de salvaguarda que impeça a perda de independência que não seja a recusa dos serviços citados ou a renúncia à realização da auditoria.

n) serviços de finanças corporativas e assemelhados.

n.1) a prestação de serviços, consultoria ou assistência de finanças corporativas a uma entidade auditada pode criar ameaças à independência, por poder representar defesa de interesses da entidade auditada ou da revisão do próprio trabalho. No caso de alguns serviços de finanças corporativas, as ameaças à independência criadas são tão importantes que nenhuma salvaguarda pode ser aplicada para reduzi-las a um nível aceitável. Por exemplo, a promoção, a negociação ou a subscrição de ações de uma entidade auditada não é compatível com a prestação de serviços de auditoria. Ademais, comprometer a entidade auditada com os termos de uma transação ou realizar a transação em nome da entidade auditada criaria uma ameaça à independência tão importante que nenhuma salvaguarda pode reduzi-la a um nível aceitável. No caso de uma entidade auditada, a prestação dos serviços de finanças corporativas mencionados acima por uma entidade de auditoria ou entidade de auditoria por rede cria uma ameaça à independência tão importante que nenhuma salvaguarda pode reduzi-la a um nível aceitável;

n.2) outros serviços de finanças corporativas podem criar ameaças à independência do auditor, por poder representar defesa do interesse da entidade auditada ou revisão do próprio trabalho. No entanto, pode haver salvaguardas para reduzir tais ameaças a um nível aceitável. Exemplos de tais serviços incluem auxiliar a entidade auditada a traçar estratégias societárias, auxiliar na identificação ou apresentar um cliente a possíveis fontes de capital que satisfaçam às especificações ou aos critérios da entidade auditada, e prestar consultoria de estruturação e auxiliar a entidade auditada a analisar os efeitos contábeis das transações propostas. As salvaguardas a serem consideradas incluem:

n.2.1) políticas e procedimentos para proibir as pessoas que auxiliam a entidade auditada a tomar decisões gerenciais em seu nome;

n.2.2) utilização de profissionais não-integrantes da equipe de auditoria para prestar os serviços; e

n.2.3) uma pessoa no nível apropriado de gerência da entidade auditada assuma, efetiva e formalmente, a função de coordenação do assunto e que se encarregue em tomar as decisões-chave.

n.3) não se incluem, nesses casos, os trabalhos da entidade de auditoria limitados à sua competência profissional, tais como:

n.3.1) diagnóstico das diferenças de práticas contábeis entre países;

n.3.2) assessoria na identificação de controles para fins de levantamento de dados financeiros; e

n.3.3) aplicação de procedimentos de auditoria sobre os ajustes de diferenças entre as práticas contábeis.

n.4) a emissão de carta de conforto, geralmente comum em processos de captação de recursos com emissão de títulos, também se incorpora a procedimentos que se integram à função do auditor independente e, portanto, não constitui perda de independência.

o) serviços de seleção de executivos:

o.1) o recrutamento de membros da administração para a entidade auditada pode criar ameaças atuais ou futuras de conflito de interesses e, por conseguinte, perda de independência. A ameaça depende de fatores, tais como:

o.1.1) a importância da função da pessoa a ser recrutada; e

o.1.2) a natureza da assistência solicitada.

o.2) em geral, a entidade de auditoria pode prestar serviços como a seleção de profissionais e recomendar sua adequação ao cargo na entidade auditada. Além disso, a entidade de auditoria pode elaborar uma relação sintética de candidatos para entrevista, desde que ela seja feita com base em critérios especificados pela entidade auditada; e

o.3) de qualquer modo, em todos os casos, a entidade de auditoria não deve tomar decisões gerenciais e a decisão de quem contratar deve ser deixada a cargo da entidade auditada.

PRESENTES E BRINDES

Aceitar presentes, brindes ou outros benefícios de uma entidade auditada pode criar conflitos de interesse e, por conseguinte, perda de independência. Quando uma entidade de auditoria ou um membro de equipe aceitam presentes, brindes ou outros benefícios cujo valor não seja claramente insignificante, a perda de independência é caracterizada, não sendo possível a aplicação de qualquer salvaguarda.

LITÍGIOS EM CURSO OU IMINENTES

Quando há, ou é provável haver, um litígio entre a entidade de auditoria ou um membro da sua equipe e a entidade auditada, pode ser criado o conflito de interesse. O relacionamento entre a administração da entidade auditada e os membros da equipe de auditoria precisa ser caracterizado por total franqueza e divulgação completa de todos os aspectos das operações de negócios da entidade auditada. A entidade de auditoria e a administração da entidade auditada podem ficar em lados opostos por causa do litígio, o que pode afetar a disposição da administração em fazer divulgações completas, e a entidade de auditoria pode se ver ameaçada por conflito de interesse. A importância da ameaça criada depende de fatores, tais como:

a) a relevância do litígio;

b) a natureza do trabalho de auditoria;

c) se o litígio diz respeito a um trabalho de auditoria já efetuado.

Uma vez avaliada a importância da ameaça, devem ser aplicadas as seguintes ações, para reduzi-la a um nível aceitável:

a) informar aos níveis superiores da entidade auditada, por exemplo: conselho de administração, conselho fiscal e assembléia de acionista e acionistas controladores, a extensão e a natureza do litígio;

b) informar, se aplicável, aos órgãos reguladores competentes a extensão e a natureza do litígio;

c) se o litígio envolver um membro da equipe de auditoria, afastar aquela pessoa do trabalho de auditoria; ou

d) envolver outro auditor da entidade de auditoria, não-integrante da equipe, para revisar o trabalho feito ou opinar conforme necessário.

Se essas ações não reduzirem a ameaça ao conflito de interesse a um nível adequado, a única alternativa é recusar o trabalho de auditoria.

INCOMPATIBILIDADE OU INCONSISTÊNCIA DO VALOR DOS HONORÁRIOS

Honorários contingenciais, conforme definido na NBC P 1.4 – Honorários Profissionais, não devem ser praticados por gerar conflitos de interesses e, por conseqüência, perda de independência e, dessa forma, a entidade de auditoria não deve estabelecer honorários contingenciais relacionados a serviços de auditoria prestados para a entidade auditada, suas coligadas, controladas, controladoras ou integrantes do mesmo grupo econômico.

Quando os honorários de auditoria forem de valor, substancialmente, inferior ao estabelecido para os outros serviços que a entidade de auditoria realize para a entidade auditada, pode se estabelecer o conflito de interesses, por razões de dependência financeira e, por conseguinte, a perda de independência.

Para que se caracterize a dependência financeira, é necessário que o conjunto dos honorários de serviços prestados à entidade auditada, ou seja, os de auditoria e os demais, seja relevante dentro do total de honorários da entidade de auditoria.

Considera-se como conjunto de honorários relevante aquele que represente 25% (vinte e cinco por cento), ou mais, do total de honorários da entidade de auditoria.

OUTRAS SITUAÇÕES

Conforme explanado no início desta Norma, os exemplos de perda de independência citados não são exaustivos. Assim sendo, outras situações podem ensejar o conflito de interesses e a perda de independência. Por este motivo, a entidade de auditoria deve, permanentemente, avaliar se ela se encontra em situação que possa ensejar o conflito de interesse e aparentar a perda de independência e, como parte dessa análise, verificar as possibilidades de aplicação de salvaguardas e, não sendo possível, renunciar o trabalho de auditoria ou outros trabalhos ou atividades que possam estar produzindo o conflito de interesses e a perda de independência.

REQUISITOS FORMAIS DE CONTROLE

A NBC T 11.8 – Supervisão e Controle de Qualidade determina aos auditores independentes serem necessárias a implementação e a manutenção de regras e procedimentos de supervisão e controle interno de qualidade que garantam a qualidade dos serviços prestados.

Assim, os requisitos formais mínimos para a verificação do cumprimento dos aspectos desta Norma estão a seguir indicados.

Documentação de declaração individual dos profissionais da entidade de auditoria da existência, ou não, das seguintes questões relacionadas a entidades auditadas:

a) interesses financeiros;

b) operações de créditos e garantias;

c) relacionamentos comerciais relevantes estreitos com a entidade auditada;

d) relacionamentos familiares e pessoais;

e) membros da entidade de auditoria que já foram administradores, executivos ou empregados da entidade auditada.

A formalização deve ser um processo anual, por meio eletrônico ou não, contendo uma declaração formal de todos os profissionais da entidade de auditoria quanto à existência, ou não, de tais vinculações com a entidade auditada. Em caso de declarações positivas, deverá haver a anotação das providências tomadas, tais como: não fará parte da equipe de trabalho na empresa auditada x.

Estabelecimento de controle formal que possa permitir a verificação permanente da execução de rotação de pessoal.

Estabelecimento de arquivos manuais ou eletrônicos que permitam verificar outros serviços executados em entidades auditadas e o valor dos honorários cobrados.

Estabelecimento de controle formal que permita a divulgação interna das contratações de novas entidades auditadas, ao mesmo tempo em que cada profissional a ser envolvido no trabalho se obrigue a informar sobre eventuais riscos seus de conflitos de interesses e perda de independência.

Estabelecimento permanente de treinamento sobre o conteúdo desta Norma no Programa de Educação Profissional Continuada.

SANÇÕES: A inobservância desta Norma constitui infração disciplinar, sujeita às penalidades previstas nas alíneas "c", "d" e "e" do art. 27 do Decreto-Lei nº 9.295, de 27 de maio de 1946, e ao Código de Ética Profissional do Contabilista.

Base: Resolução CFC nº 1.034/05.

1.3 - Missão, ramos de atuação, modalidades e natureza do trabalho

Qual é a missão da Auditoria Interna?

Primeiramente, vamos conceituar que vem a ser "missão":

"É a função ou poder que se confere a alguém para fazer algo; encargo; obrigação; dever.".

Com a citação acima vimos que a missão nada mais é que uma obrigação. Sendo assim, a missão da Auditoria Interna está relacionada com a parte administrativa da empresa, pois a missão de uma empresa é elaborada pelo conselho administrativo.

De um ponto de vista mais administrativo, missão é o que a empresa irá fazer para alcançar seus objetivos e metas, pois Furlan define missão como:

"A missão de uma organização é uma declaração única que representa sua identidade, estabelecendo seu propósito mais amplo. É a razão de ser da organização e procura determinar o seu negócio, porque ela existe, ou ainda em que tipo de atividade deverá concentrar-se no futuro."

Auditoria para Concursos Públicos

A missão de uma organização na visão empresarial procura determinar porque a organização existe e para que ela trabalha.

Nosso segundo ponto é a definição de missão da Auditoria Interna, segundo Goreth:

"Assessorar a administração, por meio do exame de adequação e eficácia dos controles internos da entidade; da verificação da integridade e confiabilidade dos sistemas; da constatação da observância às políticas, metas, planos, procedimentos, leis, normas e regulamentos; eficácia e economicidade do desempenho e da utilização dos recursos; da avaliação dos procedimentos e métodos para salvaguarda dos ativos e passivos; e da compatibilidade das operações e programas com os objetivos, planos e meios de execução estabelecidos".

Goreth define a missão da Auditoria Interna como o papel principal de maior eficácia nos controles internos da organização, para o alcance de suas metas.

Terceiro ponto é a definição de missão segundo Raupp:

"Avaliar, de forma independente, o sistema de controle gerencial de cada processo, buscando a identificação de oportunidades de melhorias e contribuindo para a consecução das metas da empresa"

Raupp já tem um ponto de vista mais administrativo, pois define a missão da Auditoria Interna como a busca de melhorias e identificação de oportunidades na organização.

Com estes conceitos podemos observar que a missão da Auditoria Interna hoje nada mais é do que salvaguardar o patrimônio da empresa, fazendo que a empresa possa utilizá-lo da melhor forma possível, controlando todos os procedimentos internos da empresa e auxiliando a Auditoria Externa a demonstrar aos acionistas, fornecedores e credores a verdadeira situação financeira e contábil da organização.

Na verdade a missão da auditoria sempre foi e será proteger o patrimônio, mas suas funções vêm crescendo cada vez mais, pois os administradores das empresas vem exigindo mais opiniões e pareceres dos profissionais, fazendo-os participar mais das tomadas de decisões das empresas.

Hoje a expectativa dos administradores é que a Auditoria Interna execute trabalhos administrativos, auxiliando nas tomadas de decisões e sugerindo melhores formas de trabalho, exercendo uma atuação efetiva e contínua dentro da empresa através de uma visão sistêmica.

Quadro - Resumo de Várias Missões Encontradas.

Autor	Conceito
	"Assessorar a administração, por meio do exame de adequação e eficácia dos controles internos da entidade;

Maria Goreth	da verificação da integridade e confiabilidade dos sistemas; da constatação da observância às políticas, metas, planos, procedimentos, leis, normas e regulamentos; eficácia e economicidade do desempenho e da utilização dos recursos; da avaliação dos procedimentos e métodos para a salvaguarda dos ativos e passivos; e da compatibilidade das operações e programas com os objetivos, planos e meios de execução estabelecidos".
RAUPP, Elena Hahn.	"Avaliar, de forma independente, o sistema de controle gerencial de cada processo, buscando a identificação de oportunidades de melhorias e contribuindo para a consecução das metas da empresa".
Ferreira, Aurélio Buarque de Holanda.	"É a função ou poder que se confere a alguém para fazer algo; encargo; obrigação; dever".
FURLAN, José Davi.	"A missão de uma organização é uma declaração única que representa sua identidade, estabelecendo seu propósito mais amplo. É a razão de ser da organização e procura determinar o seu negócio, porque ela existe, ou ainda em que tipo de atividade deverá concentrar-se no futuro".

Portanto podemos concluir que a missão da auditoria é importante para as organizações. A missão da Auditoria Interna define a sua importância nas organizações.

MODALIDADES DE AUDITORIA INTERNA

A Auditoria Interna, visando adequar a essas novas necessidades desenvolveu Modalidades de Auditorias, que sucintamente podemos assim catalogar:

Auditoria Contábil e Financeira

Visa assegurar a autenticidade das demonstrações financeiras da empresa, através da avaliação dos procedimentos e controles contábeis e respectiva aderência aos princípios contábeis geralmente aceitos.

Auditoria Operacional

Auditoria para Concursos Públicos

Visa melhorar a eficiência dos sistemas operacionais, bem como minimizar custos, através da avaliação quanto aderência aos objetivos traçados pela Direção da empresa e verificação dos controles e procedimentos aplicados.

Auditoria Fiscal

Visa assegurar se os controles internos são eficientes para assegurar um bom relacionamento entre fisco e o contribuinte, buscando a maior otimização na aplicação da legislação fiscal, evitando-se possíveis contingências com passivos tributários, trabalhistas e previdenciários.

Auditoria Gestional

Trata-se da aplicação de procedimentos de auditoria onde o fator sistêmico assume uma importância secundária, ficando concentrada nos resultados obtidos em cada sistema.

Nesta linha de atuação, a ação da auditoria gestional tem como enfoque preponderante as análises sobre fatores como custo/ benefício, riscos e processo decisório dos administradores.

Auditoria em Sistemas e Processamento Eletrônico de Dados

Convencionada como auditoria "através de computador", sua sistemática vem sendo orientada para avaliar a amplitude do controle interno contido no Sistema de PED, aquilatar o grau de segurança quanto à completabilidade confidencialidade, qualidade e eficiência dos dados processados e, ainda, a avaliação prévia de sistemas em fase de implantação ou implantados.

Auditoria Trabalhista

Tem por objetivo prevenir irregularidades e possibilidades de desvios, erros e fraudes na área trabalhista, evitando punições do fisco e os problemas gerados por ações propostas tanto na Justiça do Trabalho quanto na Cível.

Outras Auditorias

São todos os outros tipos de auditorias, que atendem particularidades das empresas, como por exemplo, Auditoria Técnica, onde existem grandes obras; Auditoria de Qualidade Industrial, onde haja necessidade de avaliar o conjunto geral das atividades da qualidade a fim de preservar o Sistema de Qualidade, impedindo a sua degradação.

Como podemos notar, a auditoria interna, "dita moderna", evolui consideravelmente daquelas suas atividades básicas (finanças e administração), fundindo-as e explorando outras atividades paralelas, com um evidente processo profissional. Essa crescente profissionalização da carreira de auditor interno, a par da grande necessidade de se manter controles internos adequados e de assegurar independência de julgamento fez com que a moderna auditoria interna se tornasse um órgão de apoio e assessoria, não só da alta administração, bem como das Diretorias Executivas e Gerências.

NATUREZA DA AUDITORIA

A auditoria não usurpa as funções administrativas de planejar, organizar, comandar, coordenar e controlar. Mesmo a função administrativa controle permanece sob a responsabilidade do gestor, em face de disponibilidade da auditoria.

Cabe ao administrador verificar o andamento dos trabalhos e das realizações, comparado com aquilo que tem em vista: objetivos, metas, orçamentos, etc. Detectados resultados inadequados ou menos favoráveis ao alcance daqueles objetivos, caberá sempre ao administrador a tomada de medidas corretivas atuais e futuras. O controle normalmente se faz mediante avaliação, comparação e extrapolações para a verificação de tendências.

É de se supor que uma atividade de fluxo contínuo, por exemplo o consumo de energia elétrica, ocorra proporcionalmente a um duodécimo do orçamento anual a cada mês do exercício contábil. Disparidades observadas por comparação poderão ser corrigidas caso existam controles formais. Cabe ao auditor apontar a inexistência desses controles, alertando para a impossibilidade de correção quando do esgotamento do exercício.

A auditoria é por natureza uma função de assessoramento, aponta independentemente uma falha no sistema, sugestiona, mas não interfere nas decisões e atos da empresa. Não pode, portanto ser responsabilizada pelas falhas e erros, salvo se não tiver cumprido sua função de alertar sobre a inexistência de controle específico.

A auditoria não tem poder de mando ou de decisão. Expõe, orienta, aconselha, emite parecer e opinião abalizada, exclusivamente, sobre o objeto de seu trabalho.

A Auditoria Gerencial, quer seja exercida por integrantes da organização, sem vínculo de subordinação com a área auditada, ou terceirizada, desde que a empresa de auditoria não seja economicamente dependente de sua cliente, é um instrumento de assessoria ao administrador.

A auditoria trabalha totalmente baseada em amostragens estatísticas, mediante as quais o exame e a análise de determinado número de transações são suficientes para auferir um índice de certeza de correção. A auditoria gerencial adianta a tendência de se alcançar ou não os objetivos a despeito da correção formal. Leva em conta fatores como desperdício, ausência de controle, ofensas a princípios contábeis, tais como o da segregação de funções.

O Controle Interno é exercido por órgão da estrutura interna, ou mediante contratação, com objetivos transcendentes ao cumprimento da lei. Almeja "proteger os bens, conferir a exatidão e a fidelidade dos dados contábeis, promover a eficiência e estimular a obediência às diretrizes administrativas estabelecidas", conforme preceitua o AICPA.

Assegurada a existência de controle e a obediência à lei, a Auditoria Gerencial concentra-se na economicidade em busca da eficiência e da eficácia.

Como requisitos da Auditoria Gerencial incluem-se o planejamento adequado, a seleção das áreas, setores ou atividades a serem examinadas, a escolha correta dos indicadores que são formas de representação quantificável de características de produtos e processos, utilizados para acompanhar e melhorar resultados ao longo do tempo.

Capítulo 2 – Processo de Planejamento

O **planejamento** ou **planeamento** é uma ferramenta administrativa, que possibilita perceber a realidade, avaliar os caminhos, construir um referencial futuro, o trâmite adequado e reavaliar todo o processo a que o acoplamento[1] se destina. Sendo, portanto, o lado racional da ação. Tratando-se de um processo de deliberação abstrato e explícito que escolhe e organiza ações, antecipando os resultados esperados. Esta deliberação busca alcançar, da melhor forma possível, alguns objetivos pré-definidos.

Planejar é decidir com antecedência o que fazer, como fazê-lo, quando fazê-lo, e quem deve fazê-lo.O planejamento cobre o espaço entre onde estamos e para onde queremos ir. Torna possível a ocorrência de eventos que, em caso contraio não aconteceriam. Embora o futuro exato não possa ser predito, e fatores incontroláveis podem interferir com os planos mais bem formulados, a menos que haja planejamento, os eventos serão deixados totalmente ao sabor do acaso. Planejamento é um processo intelectual exigente; requer determinação consciente das alternativas de ação e a fundamentação de decisões em finalidades, conhecimentos e estimativas cuidadosas.

Uma atividade premeditada exige deliberação quando se volta para novas situações ou tarefas e objetivos complexos ou quando conta com ações menos familiares. O planeamento também é necessário quando a adaptação das ações é coagida, por exemplo, por um ambiente crítico envolvendo alto risco ou alto custo, por uma atividade em parceria com mais alguém, ou por uma atividade que necessite estar sincronizada com um sistema dinâmico. Uma vez que o planejamento é um processo muito complicado, que consome muito tempo e dinheiro, recorremos ao planejamento apenas quando é realmente necessário ou quando a relação custo-beneficio nos obriga a planejar. Além disso, geralmente, procuramos somente planos bons e viáveis ao invés de planos ótimos.

É importante que o planeamento seja entendido como um processo cíclico e prático das determinações do plano, o que lhe garante continuidade, havendo uma constante realimentação de situações, propostas, resultados e soluções, lhe conferindo assim dinamismo, baseado na multidisciplinaridade, interatividade, num processo contínuo de tomada de decisão.

O planejamento é muito importante na área de gestão e administração, pois envolve a preparação, a organização e estruturação de objetivos e auxilia nas tomadas de decisões e execução de tarefas. Após a etapa de planejamento, é necessário avaliar se decisões foram tomadas acertadamente, através do processo denominado de feedback.

Categorias descritivas dos processos de planejamento[2]

Natureza
- Administrativa
- Funcional
- Estrutural

Alcance
- Localizado
- .
- .
- .
- Amplo (ou global)

Representatividade
- Individual
- .
- .
- .
- Comunal

A classificação em categorias descritivas torna possível a análise de um dado processo de planejamento, de acordo com suas características mais destacadas. É claro, tal rotulação é arbitrária e tende a refletir a maneira como o analista vê o processo envolvido. Entretanto, se alguns traços comuns pertencentes a processos de planejamento podem ser identificados, deveríamos ser capazes de transpô-los ao processo em estudo.

Provavelmente, tornou-se óbvio que as três classificações básicas sugeridas (natureza, alcance e representatividade) não são categorias mutuamente exclusivas. Pelo contrário, a combinação de características das três categorias é necessária para descrever qualquer processo de planejamento.

Com este esquema proposto em mente, tentaremos identificar algumas características importantes do processo de planejamento dos países subdesenvolvidos, fazendo referências ao Brasil. Em seguida, observaremos mais atentamente um exemplo - a construção de Brasília.

O processo de planejamento será visto de um ponto de vista coletivo, o que significa que não nos dirigiremos aos de baixa representatividade, como o planejamento individual. Não que este não seja importante, pelo contrário, é na racionalidade do planejamento individual que, muitas vezes, encontramos a chave para o sucesso ou fracasso de processos de planejamento coletivo.

2.1 – Planejamento Global
O **planejamento da auditoria contábil** envolve a definição de estratégia global para o trabalho e o desenvolvimento de plano de auditoria, sendo devidamente documentado e discutido pela equipe

de auditoria. No Brasil, a responsabilidade do auditor no planejamento da auditoria das demonstrações contábeis é tratada na NBC TA 300. A estratégia global estabelecida pelo auditor define o alcance, a época e a direção da auditoria, para orientar o desenvolvimento do plano de auditoria. Tanto a estratégia global, quanto o plano de auditoria, devem ser alterados e atualizados pelo auditor sempre que necessário.

NBC TA 300 - PLANEJAMENTO DA AUDITORIA DE DEMONSTRAÇÕES CONTÁBEIS

Introdução

Alcance

1. Esta Norma trata da responsabilidade do auditor no planejamento da auditoria das demonstrações contábeis. Esta Norma está escrita no contexto de auditorias recorrentes. Outras considerações da auditoria inicial são apresentadas separadamente.

Papel e oportunidade do planejamento

2. O planejamento da auditoria envolve a definição de estratégia global para o trabalho e o desenvolvimento de plano de auditoria. Um planejamento adequado é benéfico para a auditoria das demonstrações contábeis de várias maneiras, inclusive para (ver itens A1 a A3):

-auxiliar o auditor a dedicar atenção apropriada às áreas importantes da auditoria;

-auxiliar o auditor a identificar e resolver tempestivamente problemas potenciais;

-auxiliar o auditor a organizar adequadamente o trabalho de auditoria para que seja realizado de forma eficaz e eficiente;

-auxiliar na seleção dos membros da equipe de trabalho com níveis apropriados de capacidade e competência para responderem aos riscos esperados e na alocação apropriada de tarefas;

-facilitar a direção e a supervisão dos membros da equipe de trabalho e a revisão do seu trabalho;

-auxiliar, se for o caso, na coordenação do trabalho realizado por outros auditores e especialistas.

Data de vigência

3. Esta Norma aplica-se a auditoria de demonstrações contábeis de períodos iniciados em ou após 1º de janeiro de 2010.

Objetivo

4. O objetivo do auditor é planejar a auditoria de forma a realizá-la de maneira eficaz.

Requisitos Envolvimento de membros-chave da equipe de trabalho

5. O sócio do trabalho e outros membros-chave da equipe de trabalho devem ser envolvidos no planejamento da auditoria, incluindo o planejamento e a participação na discussão entre os membros da equipe de trabalho (ver item A4).

Atividades preliminares do trabalho de auditoria

6. O auditor deve realizar as seguintes atividades no início do trabalho de auditoria corrente:

(a) realizar os procedimentos exigidos pela NBC TA 220 - Controle de Qualidade da Auditoria de Demonstrações Contábeis, itens 12 e 13;

(b) avaliação da conformidade com os requisitos éticos, inclusive independência, conforme exigido pela NBC TA 220, itens 9 a 11; e

(c) estabelecimento do entendimento dos termos do trabalho, conforme exigido pela NBC TA 210 - Concordância com os Termos do Trabalho de Auditoria, itens 9 a 13 (ver itens A5 a A7).

Atividades de planejamento

7. O auditor deve estabelecer uma estratégia global de auditoria que defina o alcance, a época e a direção da auditoria, para orientar o desenvolvimento do plano de auditoria.

8. Ao definir a estratégia global, o auditor deve:

(a) identificar as características do trabalho para definir o seu alcance;

(b) definir os objetivos do relatório do trabalho de forma a planejar a época da auditoria e a natureza das comunicações requeridas;

(c) considerar os fatores que no julgamento profissional do auditor são significativos para orientar os esforços da equipe do trabalho;

(d) considerar os resultados das atividades preliminares do trabalho de auditoria e, quando aplicável, se é relevante o conhecimento obtido em outros trabalhos realizados pelo sócio do trabalho para a entidade; e

(e) determinar a natureza, a época e a extensão dos recursos necessários para realizar o trabalho (ver itens A8 a A11).

9. O auditor deve desenvolver o plano de auditoria, que deve incluir a descrição de:

(a) a natureza, a época e a extensão dos procedimentos planejados de avaliação de risco, conforme estabelecido na NBC TA 315 - Identificação e Avaliação dos Riscos de Distorção Relevante por meio do Entendimento da Entidade e de seu Ambiente;

(b) a natureza, a época e a extensão dos procedimentos adicionais de auditoria planejados no nível de afirmação, conforme previsto na NBC TA 330 - Resposta do Auditor aos Riscos Avaliados;

(c) outros procedimentos de auditoria planejados e necessários para que o trabalho esteja em conformidade com as normas de auditoria (ver item A12).

10. O auditor deve atualizar e alterar a estratégia global de auditoria e o plano de auditoria sempre que necessário no curso da auditoria (ver item A13).

11. O auditor deve planejar a natureza, a época e a extensão do direcionamento e supervisão da equipe de trabalho e a revisão do seu trabalho (ver itens A14 e A15).

Documentação

12. O auditor deve documentar (NBC TA 230 - Documentação de Auditoria, itens 8 a 11 e A6):

(a) a estratégia global de auditoria;

(b) o plano de auditoria; e

(c) eventuais alterações significativas ocorridas na estratégia global de auditoria ou no plano de auditoria durante o trabalho de auditoria, e as razões dessas alterações (ver itens A16 a A19).

Considerações adicionais em auditoria inicial

13. O auditor deve realizar as seguintes atividades antes de começar os trabalhos de auditoria inicial:

(a) aplicar procedimentos exigidos pela NBC TA 220, itens 12 e 13, relativos à aceitação do cliente e do trabalho de auditoria específico; e

(b) entrar em contato com o auditor antecessor, caso haja mudança de auditores, de acordo com os requisitos éticos pertinentes (ver item A20).

2.2 – Planejamento Específico

2.2.1. Princípios Gerais

Princípio da contribuição aos objetivos

Considera que o planejamento deve visar os **objetivos máximos** da organização. Além disso, os objetivos estabelecidos devem ser organizados de forma **hierárquica** e, na medida do possível, alcançados em sua **totalidade**.

Princípio da precedência do planejamento

Indica que o planejamento é uma função administrativa que vem **antes** das demais (organização, direção e controle). Na prática torna-se difícil elencar uma sequência exata das funções administrativas, mas, de forma geral, o planejamento deverá ser elaborado no início do processo administrativo, assumindo, assim, um papel de **maior importância** em relação às demais funções.

Princípio das maiores influência (penetração) e abrangência

Este princípio se relaciona com as **mudanças** que o planejamento provoca nas características e atividades da organização. O planejamento deverá levar em conta as atividades mais influentes e abrangentes, pois estas poderão provocar modificações na organização. As modificações incluem os seguintes aspectos: **pessoas**; **tecnologias** e **sistemas**. Quanto às pessoas, estas modificações dizem respeito às necessidades de treinamento, substituições, transferências, funções, avaliações, etc. Quanto à tecnologia podem corresponder à evolução dos conhecimentos, às novas maneiras de executar o trabalho, entre outros. Já as modificações nos sistemas estão relacionadas com as alterações nas responsabilidades estabelecidas, nos níveis de autoridade, descentralização, comunicações, procedimentos, instruções, entre outros.

Princípio das maiores eficiência, eficácia e efetividade

O planejamento deve englobar buscar atingir tanto a eficiência, quanto a eficácia e a efetividade. Apesar de próximos, estes termos possuem relevantes diferenças, conforme segue:

Eficiência: trata de *"fazer certo as coisas"*, **salvaguardar os recursos** aplicados pela empresa. É uma medida **individual** dos componentes da organização e está relacionada ao nível operacional. A eficiência lida com dilemas como realizar operações com menos recursos, menos tempo, menos pessoal, etc. Considera que as coisas devem ser feitas de maneira adequada, com redução dos custos e cumprimento dos deveres e responsabilidades.

Eficácia: trata de "*fazer as coisas certas*". É uma medida de rendimento **global** das empresas e está presente no nível **tático**. Se revela, entre outros, por produzir alternativas criativas, **maximizar a utilização dos recursos** disponíveis, **obter os resultados** esperados nos processos de planejamento. Resumidamente, se relaciona com **aumentar os resultados** da organização.

Efetividade: também é uma medida do rendimento **global** das empresas e se consolida pela manutenção da empresa no mercado e por apresentar **resultados globais positivos** ao longo do tempo. Ou seja, se relaciona com a **consistência nos resultados positivos**. É necessário que a organização seja eficiente e eficaz para que consiga se tornar efetiva.

2.2.2- Princípios Específicos

Planejamento participativo

O resultado final do planejamento é o plano, mas este não deve ser, de acordo com este princípio, considerado como o principal benefício do planejamento. O benefício maior do planejamento deve ser o **processo desenvolvido**. Dessa forma, não basta ter um plano para seguir, é necessário que existam condições que facilitem o processo de elaboração pela própria organização.

Planejamento coordenado

Este princípio está relacionado com a visão sistêmica, ou seja, nenhum aspecto da empresa pode ser planejado eficientemente de forma independente dos demais. É necessário que todos os aspectos envolvidos sejam projetados **de forma que atuem inter-dependentemente**.

Planejamento integrado

Os diversos níveis hierárquicos de uma organização devem ter seus planejamentos integrados. Conforme Oliveira (2010), "nas empresas voltadas para o mercado, nas quais os objetivos empresariais dominam os de seus membros, geralmente os objetivos são estabelecidos de 'cima para baixo' e os meios para alcançá-los, de 'baixo para cima', sendo este último fluxo usualmente invertido em uma empresa cuja função primária é a de servir a seus membros".

Planejamento permanente

Este princípio se refere à continuidade necessária no processo de planejamento. A palavra "permanente" neste caso quer dizer que a organização deve sempre estar planejando, "pois nenhum plano mantém seu valor e utilidade com o tempo" (Oliveira, 2010).

2.3 – Objetivo do Planejamento da auditoria

O planejamento em Auditoria consiste na determinação antecipada de quais procedimentos serão aplicados, na extensão e na distribuição desses procedimentos no tempo e nas pessoas que realizarão essas tarefas.

Por PLANEJAMENTO deve-se entender uma metodologia de preparação de um serviço, que compreende os objetivos definidos, o roteiro, os métodos, planos e programas a serem observados por etapas e os processos de avaliação de que se atingiram as metas programadas.

- A fase mais importante de qualquer exame é a etapa inicial de planejamento.

- Não existe outra fase no processo de Auditoria que afete mais o êxito de um trabalho do que o tempo utilizado na verificação preliminar da atividade a ser examinada.

Os Objetivos do Planejamento do Trabalho de Auditoria são:

Permitir a realização de um exame adequado e eficiente que facilite o atingimento dos objetivos do auditor em um prazo razoável de tempo;

Facilitar o controle sobre o desenvolvimento do trabalho e sobre o tempo que nele se gasta;

Estabelecer racionalmente a extensão dos diversos procedimentos de auditoria;

Evitar sobrecarga de trabalho.

- A realização de um trabalho de Auditoria Interna, sem Planejamento prévio e Programa adequado, pode acarretar os seguintes inconvenientes:

Esquecimento de áreas importantes de análise econômica ou reconhecimento em ocasião em que não seja mais possível a sua verificação;

Demora na identificação de problemas significativos que afetam o objetivo global do exame;

Não ser disponível a equipe apropriada para o trabalho;

Omitir a eliminação de procedimentos desnecessários de auditoria em função dos objetivos globais.

- A questão crítica ao se planejar uma Revisão de Auditoria é a definição do volume de informações necessário para esse fim. Essa decisão depende muito do conhecimento técnico do auditor e do conhecimento específico sobre a atividade a ser examinada.
- O Planejamento deve se iniciar com a preparação do Plano Anual de Auditoria, onde são abordados:

Áreas de exames e análise prioritárias;

Enfoque de rotação de ênfase para determinados programas de Auditoria;

Determinação do alcance de Auditoria em determinadas áreas e órgãos da Empresa;

Previsão de tempo para execução dos trabalhos programados para o ano calendário

PREPARAÇÃO DOS PROGRAMAS DE AUDITORIA

- Os Programas de Auditoria devem ser elaborados de forma lógica e objetiva a fim de possibilitar ao Auditor o desenvolvimento eficiente dos trabalhos dentro da empresa.

Todo programa teve der as seguintes etapas:

1. Familiarização

Auditoria para Concursos Públicos

Conhecimento das normas gerais, controles, procedimentos e avaliação de risco da atividade da área objeto de exame;

Revisão de trabalhos e relatórios anteriores a fim de se obter um julgamento e enfoque adequados;

Análise do Fluxograma da área sob exame, com objetivo de dar maior ou menor ênfase em determinados procedimentos.

2. Seleção dos Testes

Após a tomada de conhecimento, o auditor deve decidir sobre a extensão dos testes e efetuar e proceder à seleção de itens ou operações que serão objeto de exame específico. A seleção pode ser feita por métodos diversos como:

Seleção por amostragem aleatória;

Seleção por amostragem estatística;

Seleção por estratificação dos elementos.

O método de seleção, o motivo da escolha e a cobertura dada pela seleção devem ser anotados nos papéis de trabalho.

3. Formalização dos Itens selecionados

Os itens e atividades selecionadas devem ser anotados nos papéis de trabalho, com detalhes suficientes à sua compreensão.
Essa anotação deve ser feita de maneira clara e ordenada de modo a facilitar a execução específica dos testes e sua revisão.

4. Estabelecimentos de testes e Procedimentos Específicos

Nesta fase do PROGRAMA DE AUDITORIA, devem ser anotados, de maneira ordenada, procedimentos a serem executados em relação aos itens selecionados.

- Possíveis detalhamentos de itens específicos deverão ser objeto de programas distintos.

- Por exemplo: num Programa sobre Compras de Ativo Imobilizado deve constar o item " Verificar se o fornecedor está cadastrado na Empresa", sendo que outro programa tratará da adequação do cadastramento" .

- Para determinados Programas de Auditoria poderá ser utilizado o Sistema de Listas de Verificação (Check-lists).

5. Abordagem Geral

O Programa de Auditoria Interna, nesta parte, deve levar o auditor a verificar e anotar aspectos relativos a:

Controles Internos;

Procedimentos administrativos e contábeis;

Segregação de funções quanto a conflito de interesses;

Legislação vigente.

5. Conclusão

O Programa de Auditoria Interna deverá ser finalizado dirigindo o auditor a:

Efetuar comentários sobre o trabalho feito;

Destacar os pontos de auditoria levantados, elaborando recomendações específicas;

Concluir sobre os resultados do trabalho feito;

Evidenciar a revisão e atualização do Programa

2.4 – Fases do Planejamento

O processo de se efetuar uma auditoria deve contemplar as seguintes fases:

Planejamento Inicial;
Análise do risco;
Execução do trabalho, e
Resultado final.

PLANEJAMENTO INICIAL

Nesta etapa são atualizados os conhecimentos sobre o cliente e/ou seu entorno econômico; é lógico que, se o cliente é novo para o auditor, esta atualização é transformada em obtenção do conhecimento necessário para executar o trabalho.

Os passos comumente seguidos nesta etapa são:

1. *Carta de encargo*: trata-se de um contrato onde é definido por escrito o acordo do trabalho, evidenciando o alcance e os objetivos a serem alcançados por este.

Este contrato deve conter, pelo menos, os seguintes itens:

Objetivo e alcance do trabalho;
Honorários e número de horas de trabalho estimado;
Período abrangido;
Possíveis limitações;
Indicação de que os relatórios contábeis são de responsabilidade do cliente;
Indicação de que não haverá limitação de escopo, naquilo que depender do cliente;
Confirmação escrita do encargo (assinatura do contrato);
Outros, tais como contatos com os auditores anteriores, datas de entrega dos relatórios, data e forma de pagamento, etc.

2. *Obtenção de conhecimento e/ou atualização, referente a particularidades do cliente e seu entorno econômico.*

Esta parte do trabalho visa:
Pinçar as áreas com maior risco potencial da empresa;
Saber qual o grau de subjetividade aplicado nas áreas dos relatórios, que é o que gera maior risco de erro;
Saber se existem transações pouco usuais.

Para podermos entender como funciona o negócio do cliente, é necessário que:
-saibamos de que forma, fatores externos afetam a empresa, tais como fatores econômicos, grau de liderança, as normas fiscais, etc.;

Saibamos quais são os fatores internos que afetam suas operações, tais como políticas de pessoal, sindicatos, etc.

3. *Revisão geral analítica dos relatórios e/ou de outras informações de interesse.*

Esta revisão normalmente consiste de alguns procedimentos tais como:

- Comparação de dados absolutos (exemplo: vendas totais do ano X1 com as vendas totais do ano X2, ou a relação vendas CPV de ambos os períodos).
- Revisão de determinados índices tais como os de liquidez, rentabilidade, etc.;
- Comparações de orçamentos e projeções;
- Estudo do ponto de quebra da empresa;
- Aplicação, quando for o caso, de técnicas de regressão.

4. Determinação da cifra de importância relativa (IR). O conceito de importância relativa que atende os objetivos de auditoria é definido como aquele valor de erro nos relatórios contábeis que, enquanto não seja superado, não levará o Auditor a fazer qualquer comentário adicional, na opinião, pois não desvirtua a imagem fiel no conjunto dos relatórios;

5. Memorando de planejamento de auditoria. Trata-se de um papel de trabalho que documenta e informa à equipe, sobre as decisões gerais do trabalho a ser executado, este memorando contem, geralmente:

- descrição analítica do cliente e o serviço a ser prestado;

- avaliação preliminar do entorno;

- assuntos importantes já detectados;

- cifra da importância relativa;

- plano geral de trabalho;

- outros.

Capítulo 3 – Trabalho de Campo

3.1 – Preparação Inicial

O trabalho de campo compreende todos os esforços do auditor para acumular, classificar e avaliar informações e evidências, a fim de capacitá-lo a formar uma opinião, constituindo-se, em última análise, em examinar, obter evidências, medir e avaliar.

Um eficiente desenvolvimento do trabalho de campo deve observar os seguintes aspectos:

FAMILIARIZAÇÃO:

- conhecimento das normas gerais, sistemas, controles e procedimentos da atividade objeto do exame;
- conhecimento do programa de auditoria aplicável;
- revisão de trabalhos e relatórios anteriores;
- detalhamento da programação de trabalho.

SELEÇÃO DOS TESTES:

- considerar ou não a conveniência de ampliar ou reduzir os testes programados, e proceder à seleção dos itens ou operações que serão objeto do exame específico, uma vez determinado o método a ser utilizado.

FORMALIZAÇÃO DOS ITENS SELECIONADOS:

- os itens e operações selecionados devem ser anotados nos papéis de trabalho, com detalhes suficientes para sua compreensão.

ESTABELECIMENTO DOS TESTES E PROCEDIMENTOS:

- os programas de auditoria que serão utilizados irão nortear os levantamentos e exames. É importante que, antes de ser iniciado o trabalho, as informações e todos os aspectos relevantes à avaliação tenham sido avaliados pelos auditores, para evitar sobrecarga de serviço e de custo, bem como, a total falta de visão do objetivo principal.

AGENDAMENTO DE ENTREVISTAS:

- as entrevistas com o pessoal do setor auditado, em geral, devem ser programadas e marcadas com antecedência.

3.2 - PROGRAMAÇÃO GERAL DO TRABALHO:

Na medida do possível, deve-se:

- definir as tarefas para os integrantes da equipe de trabalho (no caso de trabalho em grupo);
- estabelecer o tempo a ser dispensado em cada tarefa;
- registrar o tempo dispendido em cada tarefa, passo a passo, desde o início do trabalho.

EXAME, OBTENÇÃO DE EVIDÊNCIA E MEDIÇÃO

Para o auditor, o processo de exame significa, na prática, a utilização de procedimentos de auditoria, com vistas à obtenção de evidências que fundamentem e suportem as opiniões, conclusões e recomendações, frutos de sua avaliação. Para formar sua avaliação, é necessário medir objetivamente os acertos e desacertos identificados.

No curso do exame, o questionamento é certamente a mais eficiente técnica do auditor. Obter informações pode ser, por vezes, uma arte. Obter a verdade, sem suscetibilizar o auditado, não é uma tarefa fácil. Se o auditado notar um tom inquisitorial, poderá adotar uma atitude defensiva, e apenas declarar meias verdades. Por outro lado, o questionamento como um comportamento crítico, deve fazer parte de sua atividade, inclusive, para que se sinta seguro quanto às explicações obtidas.

Investigar e verificar também fazem parte do esforço do auditor, no sentido de garantir um exame acurado. Verificar implica em confirmar, remover dúvidas ou atestar a verdade. Investigar significa descobrir fatos ou pistas novas e aprofundar o exame, na busca da verdade.

A obtenção de evidências capacita o auditor a avaliar a situação e a formular suas opiniões, conclusões e recomendações.

O processo de medição, que é básico para qualquer avaliação, envolve dois elementos: a unidade de medida (valor, quantidade, freqüência, tempo, etc...) e o padrão. Este último, traduz a qualidade de aceitabilidade com a qual a coisa medida será comparada, podendo ser localizado em planos, orçamentos, normas, regulamentos, princípios, contratos, estatutos, legislação e outros.

3.3 – AVALIAÇÃO DO CONTROLE INTERNO

Após a medição, o auditor deve avaliar o resultado, e formular a sua opinião e possíveis recomendações.

A avaliação é um julgamento calcado em critério, que deve ser definido pelo auditor, com base em materialidade, relevância, risco relativo, vulnerabilidade e princípios.

MATERIALIDADE

Por materialidade, entende-se a importância relativa, em termos de valores e cifras, que um bem, operação ou fato possui um determinado contexto.

RELEVÂNCIA

Por relevância, entende-se a importância relativa da informação, em termos de sua representatividade, independentemente do valor, que um bem, operação ou fato passa a ter um determinado contexto abrangido pela auditoria.

RISCO RELATIVO E VULNERABILIDADE

Por risco relativo, entende-se o maior ou menor risco que pode emergir da natureza da operação examinada. A vulnerabilidade está ligada a qualidade dos aspectos de controle interno existentes. Quanto melhores os controles, menos vulneráveis serão as operações e as atividades desenvolvidas nesse ambiente.

PRINCÍPIOS

Por princípios, entende-se os procedimentos aceitos tecnicamente pelo auditor bem como os de conduta, tendo em vista as conotações de integridade.

3.4 – POPULAÇÃO E AMOSTRAGEM

Os procedimentos de auditoria constituem-se em um conjunto de procedimentos técnicos que possibilitam ao auditor obter evidências que irão sustentar seu parecer final. Tais procedimentos podem ser divididos em testes de observância e testes substantivos.

Devido à complexidade e o volume das transações e informações que circulam dentro da empresa torna-se inviável para o auditor a aplicação dos testes de auditoria sobre o conjunto completo de dados. Dessa forma pode ele utilizar-se de técnicas de amostragem para a realização do trabalho.

A NBC TA 530, que trata sobre amostragem em auditoria, define:

População: é o conjunto completo de dados sobre o qual a amostra é selecionada e sobre o qual o auditor deseja concluir.

Amostragem: em auditoria é a aplicação de procedimentos de auditoria em menos de 100% dos itens de população relevante para fins de auditoria, de maneira que todas as unidades de amostragem tenham a mesma chance de serem selecionadas para proporcionar uma base razoável que possibilite o auditor concluir sobre toda a população.

Unidade de amostragem: é cada um dos itens individuais que constituem uma população. Pode tanto ser itens físicos (faturas de venda, saldos devedores) como unidades monetárias.

Assim, a amostragem consiste em selecionar uma parte do todo para se aplicar os procedimentos de auditoria.

Como afirma Cunha, Beuren e Hein (2006), "de um modo geral, as técnicas de amostragem são utilizadas com o intuito de viabilizar a coleta de dados necessários a um determinado estudo, sem a necessidade de conhecer todo universo pesquisado".

A amostragem pode ser estatística, quando a amostra é escolhida de forma aleatória e permite ao auditor, por meio das leis da probabilidade estimar o risco da amostra ou não estatística que é realizada com base no conhecimento e experiência do auditor.

Vantagens e desvantagens

A utilização da técnica de amostragem apresenta algumas vantagens e desvantagens, conforme se pode observar na tabela abaixo:

VANTAGENS	DESVANTAGENS
Reduz tempo e custos;	
Permite a continuação do trabalho, mesmo quando o auditor que iniciou as atividades não se encontra presente;	Aumento do risco de erro
Permite a apresentação de relatórios tempestivamente.	

Fonte: Adaptado de Cunha, Beuren e Hein, 2006.

Apesar de a amostragem reduzir tempo e custos sua principal limitação encontra-se no fato de aumentar o risco de erro. Conforme afirma Luis Fernando Camargo: "Muitas vezes, é possível que haja uma ou duas operações que são irregulares e, por azar, não caíram na amostragem do auditor. Aí o auditor nem vai pedir documentos daquela operação".

Este risco deve ser considerado durante a realização do trabalho e, segundo a NBC TA 530, pode ser dividido em:

Risco de amostragem: é o risco de que a conclusão do auditor pudesse ser diferente se toda a população fosse sujeita ao mesmo procedimento de auditoria. Este risco pode levar a dois tipos de conclusão errônea:

a) Os controles podem ser considerados mais eficazes do que realmente são, ou em caso de testes substantivos seja identificada uma distorção irrelevante, quando na verdade ela é relevante;

b) Os controles podem ser considerados menos eficazes do que realmente são, ou em caso de testes substantivos seja identificada uma distorção relevante, quando na verdade ela é irrelevante.

Risco não resultante da amostragem: é o risco de que o auditor chegue a uma conclusão errônea por qualquer outra razão que não seja relacionada ao risco de amostragem. Neste tipo de risco incluem-se o uso de procedimentos inadequados, interpretação errônea da evidência ou até mesmo a apresentação de documentos falsos pela empresa.

Conforme o site Notícias UOL o banco Fator, que auditou o Pan-Americano para a Caixa Econômica Federal junto com a KPMG, acusou a instituição de Silvio Santos de fazer isso. "Vai depender da experiência do auditor identificar que aquele documento não é verdadeiro", afirma Luis Fernando Camargo.

Pontos a observar

Seguem alguns pontos que o auditor deve observar quando utiliza as técnicas de amostragem (conforme a NBC TA 530):

1. A decisão quanto ao uso de abordagem de amostragem estatística ou não estatística é uma questão de julgamento do auditor;

2. Quanto menor o risco que o auditor está disposto a aceitar, maior deve ser o tamanho da amostra.

3. O tamanho da amostra pode ser determinado mediante aplicação de fórmula com base em estatística ou por meio do exercício do julgamento profissional.

4. É necessário que a amostra tenha características típicas da população, de modo a evitar tendenciosidade;

5. Se o procedimento de auditoria não for aplicável ao item selecionado, o auditor deve executar o procedimento em um item que substitua o anteriormente selecionado.

6. O auditor deve avaliar se o uso de amostragem de auditoria forneceu uma base razoável para conclusões sobre a população que foi testada.

A NBC TA 530, aprovada pela Resolução CFC Nº. 1.222/09, é a principal matéria de amostragem em auditoria.

3.5 - EXAME, OBTENÇÃO DE EVIDÊNCIA E MEDIÇÃO

Para o auditor, o processo de exame significa, na prática, a utilização de procedimentos de auditoria, com vistas à obtenção de evidências que fundamentem e suportem as opiniões, conclusões e recomendações, frutos de sua avaliação. Para formar sua avaliação, é necessário medir objetivamente os acertos e desacertos identificados.

No curso do exame, o questionamento é certamente a mais eficiente técnica do auditor. Obter informações pode ser, por vezes, uma arte. Obter a verdade, sem suscetibilizar o auditado, não é uma tarefa fácil. Se o auditado notar um tom inquisitorial, poderá adotar uma atitude defensiva, e apenas declarar meias verdades. Por outro lado, o questionamento como um comportamento crítico, deve fazer parte de sua atividade, inclusive, para que se sinta seguro quanto às explicações obtidas.

Investigar e verificar também fazem parte do esforço do auditor, no sentido de garantir um exame acurado. Verificar implica em confirmar, remover dúvidas ou atestar a verdade. Investigar significa descobrir fatos ou pistas novas e aprofundar o exame, na busca da verdade.

A obtenção de evidências capacita o auditor a avaliar a situação e a formular suas opiniões, conclusões e recomendações.

O processo de medição, que é básico para qualquer avaliação, envolve dois elementos: a unidade de medida (valor, quantidade, freqüência, tempo, etc...) e o padrão. Este último, traduz a qualidade de aceitabilidade com a qual a coisa medida será comparada, podendo ser localizado em planos, orçamentos, normas, regulamentos, princípios, contratos, estatutos, legislação e outros.

3.6 - MATERIALIDADE

Por materialidade, entende-se a importância relativa, em termos de valores e cifras, que um bem, operação ou fato possui um determinado contexto.

3.7 - RELEVÂNCIA

Por relevância, entende-se a importância relativa da informação, em termos de sua representatividade, independentemente do valor, que um bem, operação ou fato passa a ter um determinado contexto abrangido pela auditoria.

3.8 - RISCO RELATIVO E VULNERABILIDADE

Por risco relativo, entende-se o maior ou menor risco que pode emergir da natureza da operação examinada. A vulnerabilidade está ligada a qualidade dos aspectos de controle interno existentes. Quanto melhores os controles, menos vulneráveis serão as operações e as atividades desenvolvidas nesse ambiente.

3.9 -SUPERVISÃO DO TRABALHO DE CAMPO

Uma das fases mais importantes do trabalho de auditoria é a correta supervisão do pessoal de campo. Além de se certificar que o trabalho tem a qualidade necessária, e está de acordo com as normas e políticas definidas pela auditoria, a supervisão deve ter efeito sobre o treinamento e desenvolvimento profissional e pessoal dos supervisionados.

É aconselhável que a supervisão se dê a medida que o trabalho vá sendo executado.

A supervisão deve estar certa de que:

- Estão sendo cumpridas as normas de auditoria;
- A programação do trabalho está sendo seguida;
- As constatações de auditoria estão suportadas por documentos e papéis de trabalho corretamente preenchidos;
- Todos os membros da equipe têm conhecimento de suas funções e dos objetivos que perseguem.

CONTROLE DA REALIZAÇÃO DO TRABALHO DE CAMPO

A fase de planejamento do trabalho estabeleceu orçamento de horas previstas para a sua realização. A manutenção de eficiente controle de execução possibilita seu encerramento no tempo previsto, além de servir como indício para a eficiência do pessoal ou a constatação de um orçamento de hora inadequado. De qualquer modo, distorções significativas necessitam de ações corretivas e explicações por parte dos supervisores de equipe.

IDENTIFICAÇÃO DE FALHAS E PROBLEMAS

O auditor deve estar consciente de que dependerá de seu conhecimento técnico-profissional e de seu poder de observação e perspicácia para identificar falhas e problemas, em relação à matéria em exame.

Na determinação de possíveis problemas, o auditor precisa ter em mente os seguintes aspectos:

- Conhecimento da operação em exame e dos procedimentos de auditoria;
- Revisão pronta e permanente de papéis de trabalho;
- Fundamentação adequada dos fatos e problemas observados;
- Sugerir, com embasamento técnico, a melhoria dos sistemas de controles internos e dos procedimentos observados;
- Possíveis reduções de custos e melhoria de eficiência;
- Aprofundamento do exame, sempre que diante de qualquer indicio de anormalidade, mesmo que lhe pareça insignificante;
- Não desprezar as informações obtidas informalmente.

FINALIZAÇÃO DO TRABALHO

A finalização do trabalho de auditoria compreende, basicamente:

a) O fechamento dos papéis de trabalho, que inclui os seguintes fatores:

- Revisão final do conteúdo de cada papel de trabalho;
- Confronto final entre o trabalho realizado e o planejamento;
- Referenciação adequada dos documentos e papéis de trabalho;
- Arrumação seqüencial dos papéis de trabalho e cópias dos documentos comprobatórios, de acordo com a ordem dos assuntos apresentados no relatório final;
- Fechamento das horas dispendidas no trabalho e confronto com as orçadas.

b) Arquivamento dos papéis e documentos, nas pastas de auditoria;

c) Avaliação do pessoal envolvido na execução do trabalho;

d) Redação criteriosa do relatório final de auditoria, que, antes de ser assinado, será objeto de revisão do responsável pela execução do trabalho;

e) Reunião formal com os auditados, para discutir os pontos constantes do relatório de auditoria;

f) Assinatura e encaminhamento do relatório final ou parecer de auditoria.

Capítulo 4 – Papéis de Trabalho

4.1 - Requisitos, Finalidade, Referências

Os Papéis de Trabalho de auditoria constituem um registro permanente do trabalho efetuado pelo auditor, dos fatos e informações obtidos, bem como das suas conclusões sobre os exames. É com base nos Papéis de Trabalho que o auditor irá relatar suas opiniões, criticas e sugestões.

OBJETIVOS E FINALIDADES DOS PAPÉIS DE TRABALHO DA AUDITORIA

a) Auxiliar na execução de exames;

b) Evidenciar o trabalho feito e as conclusões emitidas;

c) Servir de suporte aos relatórios;

d) Constituir um registro que possibilite consultas posteriores, a fim de se obter detalhes relacionados com a auditoria;

e) Fornecer um meio de revisão por Supervisores;

f) Determinar se o serviço foi feito de forma adequada e eficaz, bem como julgar sobre a solidez das conclusões emitidas;

g) Considerar possíveis modificações nos procedimentos de auditoria adotados, bem como no programa de trabalho para o exame subseqüente.

O QUE DEVEM CONTER OS PAPÉIS DE TRABALHO

Os papéis de Trabalho devem ser preparados de modo que apresentem os detalhes importantes. Uma auditoria envolve tantos detalhes, que itens importantes podem passar despercebidos, como resultados da elaboração imperfeita dos papéis. Por isso, os Papéis de Trabalho devem ser completos quanto a:

a) Informações e fatos importantes;

b) Escopo do trabalho efetuado;

c) Fonte das informações obtidas;

d) Suas opiniões e conclusões.

Os Papéis de Trabalho devem ser preparados tendo-se em mente seu completo entendimento por outro auditor que não teve ligação direta com o trabalho. É comum a consulta aos Papéis de Trabalho em anos posteriores para se prestar esclarecimentos ou informações sobre algum aspecto a área auditada.

Assim, podemos considerar nossos Papéis de Trabalho completos e perfeitos, toda vez que tivermos possibilidade de responder satisfatoriamente às seguintes questões, com relação ao conteúdo:

a) Os dados, fatos e informações estão colocados de maneira clara, concisa e bem distribuídos?

b) Todas as informações contidas nos Papéis são importantes para a formação de uma opinião sobre a área?

c) Todas as informações são necessárias para a perfeita visualização da profundidade do exame efetuado?

d) Na possibilidade de uma revisão futura por um elemento que não participou do exame, foram consideradas todas as informações úteis para permitir um rápido entendimento?

e) Todos os pontos do relatório possuem adequado suporte nos Papéis de Trabalho?

f) A omissão de alguma informação nos Papéis de Trabalho trará alguma conseqüência a curto, médio ou longo prazo?

4.2 – Procedimentos de Auditoria

Procedimento de auditoria é o conjunto de verificações e averiguações previstas num programa de **auditoria**, que permite obter evidências ou provas suficientes e adequadas para analisar as informações necessárias à formulação e fundamentação da opinião por parte da atividade de **auditoria**.

A auditoria interna contábil é exercida nas pessoas jurídicas de direito público, interno ou externo, e de direito privado.

A auditoria interna contábil é exercida nas pessoas jurídicas de direito público, interno ou externo, e de direito privado. Compreende os exames, análises, avaliações, levantamentos e comprovações estruturados para a avaliação e integridade dos sistemas de informações e de controles internos integrados ao ambiente, no gerenciamento de riscos, com vista de assistir a administração da entidade no cumprimento de seus objetivos.

Conhecendo os procedimentos da auditoria interna

Constituem em exames e investigações, incluindo testes de observação e substantivos, que permitem que o auditor interno obtenha subsídios suficientes para fundamentar suas conclusões e recomendações à administração de uma entidade.

Os testes são necessários para a obtenção de razoável segurança sobre os controles internos estabelecidos pela administração da empresa, assegurando assim o devido funcionamento, incluindo o cumprimento no quadro de funcionários e administradores.

É levado em conta a inspeção, onde se verificam registros, documentos e atividades tangíveis; a observação, onde se acompanha o processo ou procedimento da empresa quanto a sua execução e a investigação e confirmação, onde se obtém as informações quanto as pessoas físicas e jurídicas conhecedoras das transições e das operações, sejam elas internas ou externas da entidade. Os testes substantivos visam a obtenção de evidência quanto a suficiência, exatidão e validade de dados produzidos pelo sistema de informação da empresa.

A auditoria interna deve ser documentada por meio de papéis de trabalho, elaborados por meio físico ou eletrônico, que precisam ser organizados e arquivados de maneira sistemática e racional. Esses papéis constituem documentos e registros dos fatos, informações e provas, obtidos na auditoria, a fim de evidenciar os exames realizados para dar suporte a críticas, sugestões e recomendações. São fundamentais para propiciarem a compreensão do planejamento, da natureza, da oportunidade e extensão dos procedimentos de auditoria.

Em casos de fraude e erro, a auditoria deve assessorar imediatamente a administração da entidade no trabalho de prevenção, informando sempre por escrito e de maneira reservada sobre qualquer indício ou confirmação de irregularidades detectadas.

Os relatórios de auditoria interna serão apresentados a quem os solicitaram, com confidencialidade de seu conteúdo. O trabalho de auditoria interna deve avaliar a necessidade de emissão do relatório parcial, na hipótese ainda, de constar impropriedades, irregularidades ou ilegalidades que sejam precisas às devidas providências, de caráter emergencial por parte da administração da entidade, antes mesmo de se chegar ao resultado final dos exames.

4.2.1 – Procedimentos administrativos

Como evitar os gargalos que geram perdas!

"Se está a nosso alcance fazer, também está não fazer."

(Aristóteles)

Como ignorar que muitas empresas sofrem grandes prejuízos com os gargalos de perdas por erros operacionais que, normalmente, não são detectados pela administração. Isto acontece devido à necessidade de resultados em uma concorrência de mercado cada dia mais voraz.

A observância minuciosa dos processos administrativos executados por um profissional independente, sem vínculo com a empresa, consegue detectar os gargalos através de prospecção funcional nos diversos setores da empresa. A visão treinada do profissional vai direto aos setores onde, normalmente, acontecem falhas de gargalos, devido a não transparência nos processos executados. Muitas perdas acontecem por falhas de processos onde a falta de atenção aos pequenos detalhes gera prejuízos às empresas.

Às vezes, dentro das empresas as maiores perdas acontecem através de:

a) Serviços terceirizados não controlados;

b) Pequenas despesas que se tornam contínuas e/ou desnecessárias;

c) Processos operacionais duplicados, geradores de custos extras;

d) Estoques descontrolados, perdas por desvios ou falha operacional;

e) Desperdícios de materiais e/ou insumos;

f) Falhas no departamento de compras etc.

4.2.2 – Procedimentos técnicos e padrões internacionais

Os auditores independentes – empresas ou profissionais autônomos – devem implantar e manter regras e procedimentos de supervisão e controle interno de qualidade, que garantam a qualidade dos serviços executados.

As regras e procedimentos relacionados ao controle de qualidade interno devem ser formalmente documentados, e ser do conhecimento de todas as pessoas ligadas aos auditores independentes. Essas regras e procedimentos devem ser colocados à disposição do Conselho Federal de Contabilidade para fins de acompanhamento e fiscalização, bem como dos organismos reguladores de atividades do mercado, com vistas ao seu conhecimento e acompanhamento, e dos próprios clientes, como afirmação de transparência.

Vários fatores devem ser levados em consideração na definição das regras e procedimentos de controle interno de qualidade, principalmente aqueles relacionados à estrutura da equipe técnica do auditor, ao porte, à cultura, organização e à complexidade dos serviços a realizar.

O controle interno de qualidade é relevante na garantia de qualidade dos serviços prestados e deve abranger a totalidade das atividades dos auditores, notadamente, diante da repercussão que os relatórios de auditoria têm, interna e externamente, afetando a entidade auditada.

As equipes de auditoria são responsáveis, observados os limites das atribuições individuais, pelo atendimento das normas da profissão contábil e pelas regras e procedimentos destinados a promover a qualidade dos trabalhos de auditoria.

Normas brasileiras e internacionais de contabilidade

As Normas Brasileiras de Contabilidade (NBC) constituem-se num conjunto de regras e procedimentos de conduta que devem ser observados como requisitos para o exercício da profissão contábil, bem como os conceitos doutrinários, princípios, estrutura técnica e procedimentos a serem aplicados na realização dos trabalhos previstos nas normas aprovadas por resolução emitidas pelo CFC (CRCRS, 2009).

As Normas Brasileiras de Contabilidade editadas pelo Conselho Federal de Contabilidade (CFC) de acordo com Portal da Contabilidade (2012) "seguem os mesmos padrões de elaboração e estilo utilizados nas normas internacionais". O conjunto das Normas em questão compreende ainda as Interpretações Técnicas e os Comunicados Técnicos.

Segundo CRCRS (2009) as Normas Brasileiras de Contabilidade classificam-se em Profissionais e Técnicas. Sejam elas Profissionais ou Técnicas, estabelecem preceitos de conduta profissional e padrões e procedimentos técnicos necessários para o adequado exercício profissional.

As Normas Brasileiras de Contabilidade Profissionais de acordo com CFC se estruturam:

I - Geral - NBC PG - são as Normas Brasileiras de Contabilidade aplicadas indistintamente a todos os profissionais de Contabilidade;

II - do Auditor Independente - NBC PA - são as Normas Brasileiras de Contabilidade aplicadas, especificamente, aos contadores que atuam como auditores independentes;

III - do Auditor Interno - NBC PI - são as Normas Brasileiras de Contabilidade aplicadas especificamente aos contadores que atuam como auditores internos;
 IV - do Perito - NBC PP - são as Normas Brasileiras de Contabilidade aplicadas especificamente aos contadores que atuam como peritos contábeis.

A estrutura das Normas Brasileiras de Contabilidade foi definida através da Resolução CFC 1.328/2011. As Normas Brasileiras de Contabilidade Profissionais segundo esta resolução se estruturam da seguinte forma:
 I - Geral - NBC PG - são as Normas Brasileiras de Contabilidade aplicadas indistintamente a todos os profissionais de Contabilidade;

II - do Auditor Independente - NBC PA - são as Normas Brasileiras de Contabilidade aplicadas, especificamente, aos contadores que atuam como auditores independentes;

III - do Auditor Interno - NBC PI - são as Normas Brasileiras de Contabilidade aplicadas especificamente aos contadores que atuam como auditores internos;

IV - do Perito - NBC PP - são as Normas Brasileiras de Contabilidade aplicadas especificamente aos contadores que atuam como peritos contábeis.

Segundo CFC as Normas Brasileiras de Contabilidade Técnicas se estruturam conforme se observa abaixo:

I - Geral - NBC TG - são as Normas Brasileiras de Contabilidade convergentes com as normas internacionais emitidas pelo International Accounting Standards Board (Iasb); e as Normas Brasileiras de Contabilidade editadas por necessidades locais, sem equivalentes internacionais;

As NBC TG são agrupadas de acordo com Conselho Federal de Contabilidade (2012) em:

a) normas completas que compreendem as normas editadas pelo CFC a partir dos documentos emitidos pelo CPC que estão convergentes com as normas do Iasb, numeradas de 00 a 999;

b) normas simplificadas para PMEs que compreendem a norma de PME editada pelo CFC a partir do documento emitido pelo Iasb, bem como as ITs e os CTs editados pelo CFC sobre o assunto, numerados de 1000 a 1999;

c) normas específicas que compreendem as ITs e os CTs editados pelo CFC sobre entidades, atividades e assuntos específicos, numerados de 2000 a 2999.

II - do Setor Público - NBC TSP - são as Normas Brasileiras de Contabilidade aplicadas ao Setor Público, convergentes com as Normas Internacionais de Contabilidade para o Setor Público, emitidas pela International Federation of Accountants (Ifac); e as Normas Brasileiras de Contabilidade aplicadas ao Setor Público editadas por necessidades locais, sem equivalentes internacionais;

III - de Auditoria Independente de Informação Contábil Histórica - NBC TA - são as Normas Brasileiras de Contabilidade aplicadas à Auditoria convergentes com as Normas Internacionais de Auditoria Independente emitidas pela Ifac;

IV - de Revisão de Informação Contábil Histórica - NBC TR - são as Normas Brasileiras de

Contabilidade aplicadas à Revisão convergentes com as Normas Internacionais de Revisão emitidas pela Ifac;

V - de Asseguração de Informação Não Histórica - NBC TO - são as Normas Brasileiras de Contabilidade aplicadas à Asseguração convergentes com as Normas Internacionais de Asseguração emitidas pela Ifac;

VI - de Serviço Correlato - NBC TSC - são as Normas Brasileiras de Contabilidade aplicadas aos Serviços Correlatos convergentes com as Normas Internacionais para Serviços Correlatos emitidas pela IFAC;

VII - de Auditoria Interna - NBC TI - são as Normas Brasileiras de Contabilidade aplicáveis aos trabalhos de Auditoria Interna;

VIII - de Perícia - NBC TP - são as Normas Brasileiras de Contabilidade aplicáveis aos trabalhos de Perícia;

IX - de Auditoria Governamental - NBC TAG - são as Normas Brasileiras de Contabilidade aplicadas à Auditoria Governamental convergentes com as Normas Internacionais de Auditoria Governamental emitidas pela Organização Internacional de Entidades Fiscalizadoras Superiores (Intosai).

Quanto à interpretação técnica

Interpretação Técnica tem por objetivo esclarecer a aplicação das Normas Brasileiras de Contabilidade, definindo regras e procedimentos a serem aplicados em situações, transações ou atividades específicas, sem alterar a substância dessas normas. O Comunicado Técnico tem por objetivo esclarecer assuntos de natureza contábil, com a definição de procedimentos a serem observados, considerando os interesses da profissão e as demandas da sociedade (PORTAL DA CONTABILIDADE, N/P, 2012).

A não observação das Normas Brasileiras de Contabilidade constitui infração disciplinar sujeita às penalidades previstas nas alíneas de "c" a "g" do art. 27 do Decreto-Lei nº 9.295/46, alterado pela Lei nº 12.249/10, e ao Código de Ética Profissional do Contador.

4.2.3 – Requisitos comportamentais esperados do profissional de auditoria

O auditor interno deve ter o máximo de cuidado, imparcialidade e zelo na realização dos trabalhos e exposição das conclusões, para tanto é necessário autonomia e credibilidade para poder revisar e avaliar políticas e planos, procedimentos, normas, operações e registros, imprimindo qualidade excepcional aos seus relacionamentos profissionais, identificando a origem dos problemas detectados e discutindo prontamente a solução, sempre agindo com lisura, paciência, educação, respeito, criatividade e senso crítico.

A adoção deste posicionamento tornará o auditor interno um profissional mais respeitado, consolidando sua credibilidade junto à organização, sendo de suma importância à necessidade de treinamento, educação continuada, aperfeiçoando para o exercício dessa atividade, procurando antever os problemas organizacionais, atuando nas causas e não nos efeitos.

A categoria de Auditor Interno dentro da Organização e o apoio que lhe delega a administração são fatores determinantes do valor e da amplitude dos serviços que a mesma obterá da função de Auditoria Interna.

Por conseguinte, o Gerente da área de Auditoria Interna deverá atuar sob as ordens de um administrador de grau suficiente dentro da empresa que lhe assegure um amplo campo de ação e atenção adequada aos resultados de suas investigações e recomendações, e a efetivação das medidas sugeridas pelo Auditor.

Já que a mais completa objetividade é essencial à função de Auditoria, os Auditores Internos não devem planejar nem implantar procedimentos, escriturar registros, ou ter participação em atividades que, normalmente, devem revisar e avaliar.

Características Específicas do Auditor

1º INTEGRIDADE

A palavra integridade (vem do latim *integritate*), significa a qualidade de alguém ou algo a ser integro, de conduta reta, pessoa de honra, ética e educada. A integridade é o fundamento do profissionalismo.

Um auditor integro, não se vende por situações momentâneas, prejudicando alguém ou infringindo normas. Pelo contrário, realiza suas tarefas com honestidade, diligência e responsabilidade.

Minha avó já diz que *"a moral de um homem não está nas ações quando existem pessoas observando, mas sim nas atitudes quando ninguém está olhando"*.

2º APRESENTAÇÃO JUSTA

Esse princípio implica que o auditor tem a obrigação de apresentar um relatório honesto e justo.

As constatações, conclusões e relatórios de auditorias devem ser verdadeiros e precisos quanto as atividades realizadas.

Qualquer problema durante uma auditoria e não resolvidos por divergências de opiniões entre a equipe de auditoria e auditados, devem ser relatadas.

Essa comunicação deve ser verdadeira e precisa, garantindo assim a transparência nas relações.

3º DEVIDO CUIDADO PESSOAL

O seu trabalho é desempenhado de forma imparcial, ético e também sensível a qualquer situação que possa afetar o seu julgamento.

Convém que os auditores executem o devido cuidado pessoal de acordo com as tarefas que irão desenvolver e a confiança neles depositada pelo o auditado.

O devido cuidado é a dedicação, o discernimento durante uma auditoria, a capacidade de fazer julgamentos ponderados e ser diligente na busca por informações em relação a auditoria.

Para um julgamento correto, é essencial que os auditores conheçam as regras, diretrizes e requisitos no qual o Sistema de Gestão está baseado, avaliando de forma competente.

Nesse ponto, falar menos e ouvir mais é a chave!

4º CONFIDENCIALIDADE

O termo confidencialidade foi definida na norma ISO/IEC 17799 como *"garantir que a informação seja acessível apenas àqueles autorizados a ter acesso"*.

É importante que os auditores tenham e mantenham a discrição no uso e proteção das informações, que são obtidas durante a realização de suas atividades.

Independente da auditoria ser de primeira, segunda ou terceira parte, as informações obtidas não devem ser usadas de forma inadequadas para ganho pessoal ou de maneira que venha a prejudicar o interesse do auditado.

Mesmo que o auditor já possua com as certificadoras contratos de confidencialidade e essas com seus clientes, o mesmo deve estar disponível para a assinar quaisquer outros contratos que o auditado julgue necessário.

Fique atento: a confidencialidade é a pedra da segurança da informação!

Além desses quatro princípios que relaciono diretamente com os auditores, **existem mais dois princípios que estão relacionados com o processo de auditoria**:

5º INDEPENDÊNCIA

Esse princípio é a base para a imparcialidade da auditoria e a objetividade das conclusões de um auditor.

Os auditores devem se sentir livres de quaisquer situações tendenciosas e não terem conflitos de interesses.

A independência também depende do compromisso ético e profissional do auditor. Não podendo o mesmo se afastar desse princípio, fazendo com que suas conclusões e constatações estejam baseadas apenas e somente nas evidências de auditoria.

O auditor não é gestor da empresa, nem muito menos Deus!

Em auditorias internas (primeira parte) pode não ser possível que os auditores tenham total independência, porém é conveniente que todo o esforço seja tomado para encorajar a objetividade.

6º ABORDAGEM BASEADA EM EVIDÊNCIAS

E o último princípio, é o método racional que o auditor deve usar para se obter as conclusões num processo de auditoria.

As evidências de auditoria devem ser verificáveis, que podem estar sob a forma de registros, apresentação de um fato ou outra forma qualquer de informação, sempre baseado em amostras do que lhe foi apresentado.

Inferência ou "achismo" NUNCA podem ser a base para se chegar a uma constatação de auditoria.

Com base nesses princípios, as competências de um auditor devem ser avaliadas quanto ao seu comportamento pessoal/profissional, conhecimento e habilidades.

COMPETÊNCIAS PESSOAIS

É importante que os auditores demonstrem comportamento profissional durante as auditorias, sendo:

- Ético – valor, moral e verdadeiro;
- Mente aberta – tenha em mente que "suas ideias aceitam novas ideias";
- Diplomático – capaz de lidar com todo tipo de pessoa;
- Observador – ver o que ninguém ver ou não deseja que seja visto;
- Perceptivo – perceber o que está a sua volta;
- Versátil – ser adaptável as situações ou condições;
- Tenaz – capaz de focar no objetivo sem desvios;
- Decisivo – capaz de chegar a conclusão dentro do tempo proposto;
- Autoconfiante – ser independente de suas ações, seguro;

- Aberto a melhorias – ser capaz de retirar um aprendizado em qualquer situação;

- Sensível a outras culturas – respeitar a cultura do auditado; e

- Colaborativo – realizar suas atividades incluindo e interagindo com os outros.

CONHECIMENTO E HABILIDADES

Os auditores devem ter conhecimentos e habilidades necessárias para que a auditoria possa seguir de forma objetiva.

Esses conhecimentos e habilidades devem ser tanto gerais quando específicos, o que irá contribuir na busca de um resultado.

Para isso, são necessárias conhecimentos e habilidades gerais em:

- **Princípios de auditoria, procedimentos e métodos** – esses conhecimentos asseguram que as auditorias serão realizadas de maneira consistente e sistemática;

- **Sistema de gestão e documentos de referência** – garantem que os auditores compreendem o escopo de auditoria e aplicam os critérios de auditorias;

- **Contexto organizacional** – possibilitam aos auditores compreender a estrutura do auditado, como suas práticas e gestão do negócio;

- **Requisitos legais, contratuais aplicáveis e outros** – permitem aos auditores que trabalhem em atendimento dos requisitos legais e contratuais das organizações;

Já os conhecimentos e habilidades específicas são:

- Os auditores devem ter conhecimento no setor específico que irão auditar;

- Ter conhecimento dos requisitos legais específicos para o setor, possibilitando o conhecimento aprofundado dos deveres legais do auditado;

- Ter conhecimentos sobre inovação e desenvolvimento de produtos;

- Conhecimentos sobre o processo produtivo, aplicação ou métodos necessários que permita ao auditor examinar o sistema de gestão, gerando assim suas próprias conclusões e constatações;

- Conhecimento específico sobre a natureza de operações ou local de trabalho que será auditado, permitindo uma avaliação objetiva dos processos, produtos, bens ou serviços que serão auditados; e

- Conhecimento de gestão de riscos, HACCP (não sabe o que é e para que serve? métodos e técnicas para o setor auditado, permitindo avaliar e controlar os riscos associados ao programa de auditoria.

Claro, que apenas isso não garante que você é um auditor, essa caminhada está diretamente relacionada a toda sua experiência profissional, personalidade e qualificação. Entretanto, esse é o ponto de partida básico!

Os princípios, competências e habilidades são a base para formação de um auditor consciente da sua atividade, refletindo assim num processo de auditoria verdadeiro, objetivo e independente.

4.2.4 – Apresentação dos resultados de auditoria

O Relatório do Auditor é a peça mais importante da Auditoria realizada. Ele representa fase principal do trabalho do Auditor que é a comunicação dos resultados.

Um Relatório mal apresentado e que permita a contestação do Auditado ou possibilita à direção da empresa fazer uma má avaliação de todo um trabalho efetuado, significa a desmoralização do valor da Auditoria e, por fim, a desmoralização do próprio profissional.

Durante a fase de apuração dos fatos, o auditor era exímio conhecedor das técnicas e procedimentos da área onde atuava e, no entanto, na apresentação do relatório, conseguiu desmerecer todos os seus atributos técnicos, levando ao fracasso um excelente trabalho de campo.

É através do relatório que o auditor vai mostrar o que foi examinado. É nesse momento que a direção da empresa e os envolvidos na execução das tarefas vão ser informados sobre o que pode ser melhorado.

É fundamental, portanto, que todo o trabalho de auditoria seja previamente planejado e estruturado, com conclusões lógicas e eficientes. Essa responsabilidade cabe única e exclusivamente ao auditor, que deve ter a prudência de dizer as coisas certas, no momento certo.

Muitas vezes, porém, o Auditor desperdiça relatórios, apresentando os fatos de maneira desordenada e apresentando sugestões incompatíveis às soluções esperadas.

Se o Auditor conseguir fazer com que seu relatório seja facilmente compreendido por quem quer que leia, com toda certeza poderá assegurar-se de que o seu "produto" vai ser aceito e que a alta direção da empresa saberá valorizar e apreciar o seu trabalho.

FINALIDADE

- Meio de informar o resultado de nossos trabalhos.
- "Produto" fornecido pelo auditor.

DEVE SER

- Cuidadosamente imaginado;

- Adequadamente planejado;
- Bem escrito.

DEVE CONTER

- Fatos constatados e de relevância;
- Sugestões e recomendações para melhoras efetivas;
- Procedimentos não observados;
- Comentários do auditado.

PARA O AUDITOR SERÁ

- O atestado de que notou a anormalidade e a comunicou.
- Uma imposição à gerência para que corrija a situação ou explique por que não a corrige.
- O relatório bem escrito reduz o tempo de estudo, entendimento e discussão pela gerência.
- O contato do auditor com a alta administração deve causar boa impressão.

TIPOS DE RELATÓRIOS

Existem várias formas para se definir os tipos de relatórios. No entanto, devemos considerar que o relatório já é, por si só, bastante complexo e que a designação de um tipo ou nomenclatura correta de nada vale se o conteúdo não estiver à altura das necessidades da empresa.

Porém, o Auditor deve ter estabelecido um sistema de emissão de relatórios que seja adequado ao momento ou situação, em que os fatos estejam ocorrendo ou forem apurados.

Assim sendo, podemos dividir os relatórios em **5 tipos**:

1) RELATÓRIOS FINAIS SINTÉTICOS

São os que se resumem em uma simples e rápida forma de transmissão de fatos e exigem maior capacidade do auditor.

Como o próprio nome já diz, o Relatório Sintético é aquele que deve ser utilizado para informar a alta direção da empresa, de forma rápida e sucinta, sobre o que não vai bem ou necessita correção.

Os gerentes dos departamentos de empresas são homens habituados às rápidas decisões, possuindo grande capacidade de resolver problemas em poucas palavras.

Por essa razão, somos da opinião de que os Relatórios Sintéticos soa os de mais difícil elaboração, pois devem ter a propriedade de informar os fatos com poucas palavras e da forma mais abrangente possível, sem que a omissão de um pequeno detalhe prejudique o objetivo principal.

2) RELATÓRIOS FINAIS ANALÍTICOS

São os relatórios que devem levar aos setores auditados todas as informações e detalhes permissíveis à boa solução dos problemas, sem longas e infindáveis relações numéricas e cifras que não levam a nada.

Os fatos de menor relevância podem ser encontrados nos papéis de trabalhos, os quais podem ser gentilmente oferecidos pelo auditor , ou relacionados à parte quando houver necessidade.

O Relatório Analítico é o meio de comunicação que o auditor possui para se relacionar com todos os setores envolvidos nos trabalhos realizados. É a forma de se comunicar com os funcionários em nível de execução. Portanto, devem ser apresentados de maneira clara e simples.

3) RELATÓRIOS ESPECIAIS

O próprio nome diz tudo. Em nosso entender, os Relatórios Especiais são aqueles que fogem do cotidiano.

Podem ser também considerados Relatórios Confidenciais.

Entende-se por Relatório Confidencial aquele que é solicitado exclusivamente pelo diretor da empresa, e que tem interesse exclusivo sobre um determinado assunto. Exemplo: o diretor da empresa chama o gerente de auditoria (no qual deposita toda confiança) e pede para que seja observado um item ou um assunto que só a ele interessa.

Os Relatórios Especiais são também aqueles que reportam as indesejáveis fraudes de maneira reservada.

4) RELATÓRIOS PARCIAIS

Durante as verificações, o auditor muitas vezes se depara com fatos ou ocorrências que devem ser levadas de imediato ao conhecimento da gerência ou direção da empresa.

É bastante comum que durante os exames surjam problemas que exijam correções imediatas para que se evite a continuidade de falhas e haja tempo suficiente para elaboração do relatório final.

O Relatório Parcial é o recurso disponível para essa finalidade.

Ao efetuar uma auditoria no departamento pessoal, por exemplo, o auditor constata que uma determinada alíquota da GRPS- Guia de Recolhimento da Previdência Social, vem sendo calculada erroneamente. Ele deve imediatamente elaborar um Relatório Parcial comunicando a situação existente e que deve ser corrigida.

É evidente que esse relatório não terá a sobriedade e a mesma apresentação de um relatório completo sobre a extensão do ocorrido, porém, atende a necessidade de solucionar o problema.

O Relatório Parcial pode ser apresentado em uma simples folha de papel de trabalho, devidamente identificada.

O Relatório Parcial também serve para comunicar alguma dificuldade ou qualquer tipo de ocorrência que interfira diretamente no trabalho em execução ou, que de uma forma ou de outra, possa estar relacionado com a atividade do auditor.

5)   RELATÓRIOS VERBAIS

Os mesmos conceitos dos relatórios escritos são aplicáveis aos Relatórios Verbais, porém com uma fundamental diferença: não existe rascunho para ser corrigido antes da redação final.

Em um relatório escrito, o auditor pode reescrever parágrafos, mudar orações e períodos, enfim, aprimorar o texto antes que esteja nas mãos do destinatário. No Relatório Verbal, quando não há uma boa preparação, o auditor torna-se mais vulnerável e sujeito a expor condições desfavoráveis a ele.

É muito importante considerar a diferença entre o que se fala e o que se escreve.

O Relatório Verbal possui uma característica que os distingue dos outros tipos de relatórios: é muito mais rápido.

O aspecto de maior importância a ser considerado pela apresentação de um Relatório Verbal, refere-se à conduta do auditor para executar a tarefa.

O auditor deve ser muito claro e objetivo, fazendo com que sua fala seja facilmente compreendida e assimilada, pois ao término de um Relatório Verbal não existem fontes para serem consultadas sobre o que não ficou claro.

Assim sendo, o Relatório Verbal também deve ser previamente planejado e estruturado, pois o auditor tem que estar preparado para "prender" a atenção dos seus ouvintes, apresentando os fatos, recomendações ou sugestões, devidamente fundamentadas para que haja o interesse comum em solucionar problemas.

Pontos fundamentais na elaboração do relatório de auditoria

No relatório de auditoria são mencionadas apenas as incorreções, deficiências, erros e possíveis fraudes. Não é utilizado com o intuito de parabenizar ninguém.

Caso na visita, o Auditor não constatou ponto que merecesse destaque será emitido um relatório chamado de "Carta de Visita", mencionando nesta que não houve nenhum comentário.

Portanto, o relatório de auditoria, aos desavisados (maioria) soa como uma avaliação negativa ao seu trabalho, uma crítica, mas tem como objetivo salvaguarda das operações da empresa e tem utilidade na maioria das vezes de tirar a responsabilidade do próprio setor pelo fato a Diretoria tem conhecimento e nada fez.

1 – Discutir com o responsável pelo setor auditado, os pontos que irão constar no relatório

Acabou o trabalho de auditoria, agora posso ir embora?

Não, depois de encerrados os procedimentos de auditoria, os pontos de atenção que irão constar no relatório devem ser discutidos um a um com o responsável do setor que está sendo auditado.

É uma questão psicológica e muito importante, além de dar ciência ao responsável das incorreções, estas poderão ser previamente ajustadas tornando a auditoria dinâmica, Também se avalia o comportamento, sua concordância ou não:

- Se concordar com a incorreção relatada pelo auditor, a incorreção pode ser relatada tranquilamente;

- Havendo discordâncias, colocar as "barbas de molho" sobre os pontos controversos, ponderar as colocações e verificar sua razoabilidade, mas manter a posição se o Auditor julgar necessário e tiver firmeza (não pode relatar incorreção se no fundo não acredita se realmente houve) .

Às vezes um ponto não analisado e não considerado muito bem tira a credibilidade de outros pontos importantes. Quando o responsável pelo setor auditado nos presta esclarecimentos sobre as incorreções encontradas, estaremos também avaliando o seu comportamento e certamente a discordância será reclamada. A partir daí, poderemos fazer um novo juízo sobre o ocorrido.

Por isso é importante a presente análise face à discussão dos erros antes da emissão do relatório.

2 – Dúvidas ao relatar determinado assunto

Havendo dúvidas se deve relatar ou não determinado assunto, trocar idéia com um colega ou com seu gerente de auditoria.

Cada ponto, por mais que irrelevante deverá constar no relatório desde que o Auditor tenha convicção em sobre o assunto.

Auditoria para Concursos Públicos

Caso 1: Não nos foram apresentadas as folhas originais do extrato de conta corrente do Banco X.

Ocorreu que o responsável pelas transações financeiras montava os extratos de conta corrente no Excel e vinha reiteradamente transferindo valores para a sua conta corrente.

Caso 2 – Não vem sendo conciliada a conta contábil diversos clientes (12110001-10).

O pessoal do faturamento vinha a tempos fazendo festa ("cachorro'".) e desviando valores. O faturamento entrava em contato com os clientes, para depositarem o valor em outras contas correntes (metade do valor), o Contas a Receber baixava os valores, porém na Contabilidade não fechava com os relatórios. Como a conta não era conciliada contabilmente, apenas se descobriu o "furo" por suspeitas que o pessoal vinha trabalhar com carro importado e ganhava na época 2 a 3 salários mínimos.

Ao Auditor cabe relatar as incorreções e não resolver a situação comentada. Nesse sentido, as mínimas coisas devem ser relatadas, pois é ela a ponta do "iceberg", mesmo quando reiteradamente vêm sendo relatadas e a administração nada faz. O relatório isenta toda a responsabilidade do Auditor sobre o assunto, desde que esteja relatado.

3 – Iniciar e fazer o relatório na empresa auditada

O relatório pode ser iniciado na empresa, pois nessa ocasião o assunto está "fresco na cabeça" e haverá maior facilidade em escrevê-lo.

Ocorre muitas vezes que o Auditor realiza trabalhos em outras empresas e só depois de 20 ou 30 dias fará o relatório, fato que prejudica a qualidade do mesmo.

4 – Documentos solicitados e não entregues

Quando o Auditor solicita determinado documento e o mesmo não entregue.

Usar: Não nos foi apresentado tal documento.

Não usar: Não existe tal documento.

* motivo: Se ele for apresentado em uma fase posterior pelo responsável pelo setor, fica uma situação delicada para o auditor que afirmou que o contrato não existia. O Auditor será chamado a explicar o ocorrido e poderá dizer: "na ocasião da auditoria, o documento foi solicitado e não foi apresentado, aí pode-se remeter a situação na desorganização da empresa, qual o motivo da ocultação do documento", etc.

Aqui cabe, também, um comentário quanto aos papéis de trabalho. O Auditor deve se munir de todas as provas possíveis do que for constar no relatório.

Em uma visita de auditoria, foi constatado que um contrato envolvendo altos valores não estava devidamente assinado e já havia sido pago quase todas as parcelas a ele inerente. O Auditor tirou cópia do documento que estava sem assinatura. Porém, na reunião de apresentação do Gerente de Auditoria com a alta direção da empresa, o contrato foi apresentado assinado e ainda o responsável pelo setor culpou o Auditor pelo mau serviço. Como foi um assunto expressivo, o Auditor posteriormente verificando nos seus papéis de trabalho apresentou o contrato sem assinatura. Houve uma desconfiança, foi instaurado um processo interno para averiguar o assunto e descobriu-se que o responsável pelo setor já havia desviado milhões de reais.

Por isso o que relatar deve ser feito com base em provas, principalmente em documentos que podem ser alterados, desde a saída do Auditor até a leitura do relatório.

O relatório vai conter todo o processo realizado na auditoria, apresentando as não conformidades encontradas no procedimento.

A partir das irregularidades identificadas o auditor deve propor ações corretivas ou preventivas, respectivamente, a serem adotadas.

A partir desse relatório, a empresa auditada pode identificar a causa daquelas não conformidades, elaborar e/ou propor soluções e corrigir os problemas levantados.

Avaliação da efetividade

O processo de auditoria não termina na entrega do relatório, afinal, ela é realizada por um motivo: maximizar a eficiência dos processos e minimizar/corrigir as falhas.

Após a identificação das ações corretivas e preventivas e a implementação das soluções encontradas, é necessário que seja realizada a avaliação de efetividade. Essa análise é feita com uma nova auditoria, na qual será extraído um relatório gerencial com todas as conclusões.

Além disso, é essencial, em qualquer processo de auditoria, que o gestor e os colaboradores estejam alinhados com todas as atualizações da contabilidade (como normas fiscais e tributárias, que sofrem mudanças constantemente).

Hoje em dia, ter profissionais capacitados para as mais diversas demandas é um diferencial de uma empresa. Por isso, é importante investir nas especializações concernentes à área de atuação do seu negócio.

Para o exercício da contabilidade, é de suma importância se certificar da eficiência do serviço que é prestado, tendo em vista que se está lidando com a saúde financeira das empresas e informações sigilosas.

Capítulo 4 – Gerenciamento de Risco

4.1 – O papel do auditor interno no gerenciamento de risco

Risco de auditoria é a possibilidade de o <u>auditor</u> vir a emitir uma opinião tecnicamente inadequada sobre <u>demonstrações contábeis</u> significativamente incorretas.

A análise dos riscos de auditoria deve ser feita na fase de planejamento dos trabalhos, considerando a relevância em dois níveis:

1) Em nível geral, considerando as demonstrações contábeis tomadas no seu conjunto, bem como as atividades, qualidade da administração, *avaliação do sistema contábil e de controles internos e situação econômica e financeira da entidade em níveis específicos, relativos ao saldo das contas contábeis ou natureza e volume das transações.

O risco de auditoria é uma função dos riscos de distorção relevante e do risco de detecção, a seguir discriminados:

1) <u>Risco de detecção</u>: é o risco de que os procedimentos executados pelo auditor não detectem uma distorção potencialmente relevante, individualmente ou em conjunto com outras distorções.

2) <u>Risco de distorção relevante</u>: é o risco de que as demonstrações contábeis contenham distorção relevante antes da auditoria. Consiste em dois componentes, o risco inerente e o risco de controle:

a) <u>Risco inerente</u>: é a suscetibilidade de uma afirmação a respeito de uma <u>transação</u>, <u>saldo contábil</u> ou <u>divulgação</u>, a uma distorção que possa ser relevante, individualmente ou em conjunto com outras distorções, antes de se considerar qualquer <u>controle</u> preexistente;

b) <u>Risco de controle</u>: é o risco de que uma distorção não seja prevenida, detectada e corrigida tempestivamente pelo <u>controle interno</u> da <u>entidade</u>.

Cabe observar que *distorção* significa a diferença entre o valor, classificação ou divulgação de uma demonstração contábil relatada e o que é exigido para que o item auditado esteja de acordo com a estrutura de relatório financeiro aplicável. As distorções podem originar-se de erro (quando não é intencional) ou fraude (quando intencional). Quando o auditor expressa sua opinião sobre se as demonstrações contábeis foram apresentadas adequadamente, em todos os aspectos relevantes, as distorções incluem os ajustes de valor, de classificação, ou de divulgação que, no julgamento do auditor, são necessários para que as demonstrações contábeis estejam apresentadas adequadamente, em todos os aspectos relevantes.

A garantia de continuidade dos negócios não se consiste em apenas recomendar e realizar controles internos, com base no histórico organizacional, a fim de tratar os riscos como era no passado. Atualmente, a capacidade de uma organização sobreviver em meio à competitividade imposta diariamente pela acelerada globalização de mercado, exige que a auditoria não se limite a controles, mas que mantenha o diferencial de agregar, ao conhecimento do histórico organizacional, um eficiente gerenciamento de riscos, que atenda todo o universo dos processos das áreas de negócios da companhia.

Na última década, embora algumas empresas ainda vejam a auditoria interna como despesa de controles de possíveis irregularidades, houve um "amadurecimento" no contexto empresarial e muitas empresas se conscientizaram de que adequar-se ao novo cenário é um desafio para os profissionais da área. Eles devem, inclusive, identificar controles obsoletos e/ou ineficazes, assim como é fundamental as empresas buscarem rentabilidade, diferencial competitivo e estratégias mais eficientes.

A avaliação de riscos em auditoria ou Auditoria Baseada em Riscos (ABR) engloba todos os tipos, pois identifica, mede e prioriza os riscos para possibilitar a focalização nas áreas auditáveis, imprescindíveis para a operacionalidade da organização. Permite ao auditor delinear um programa capaz de testar os controles importantes, profundos ou minuciosos.

Um estudo realizado pelo Instituto de Auditores Internos (The Institute of Internal Auditors), dos Estados Unidos, concluiu que pelo menos um terço dos departamentos (equipes) e serviços de auditoria interna falha na utilização da ABR. Há indícios de que as razões possam ser diversas, como: incompreensão dos conceitos de risco; crença de que a avaliação dos riscos requer especializados conhecimentos e softwares; pouco tempo para o planejamento, devido ao ciclo contínuo das exigências de execução das auditorias; muitos serviços de auditoria interna sentem que a sua ação têm uma dimensão bastante reduzida para utilizar ferramentas de planejamento; os auditores internos sentem que não há harmonia das auditorias de conformidade legal, normativa e financeira com o risco.

A decisão em prevenir riscos futuros requer investimento financeiro para as organizações. O fato é que muitas, ainda, questionam se é válido ou não investir num projeto para algo que possa não ocorrer. A fim de esclarecer a questão, cabe lembrar que a proposta do novo enfoque da auditoria de riscos é de visão holística - prospectiva, ou seja, antecipatória às possíveis situações que definem uma estrutura operacional, que mitigue significativas perdas financeiras às organizações.

4.2 – Controle interno: Padrão COSO

COSO é a abreviação por "Committee of Sponsoring Organizations of the Treadway Commission", uma organização Norte Americana privada, fundada em 1985, que se dedica a desenvolver e estudar assuntos gerenciais e de governança empresarial com o intuito de fornecer linhas guia ou diretrizes para os executivos. As áreas de principal interesse do COSO são Governança Corporativa, Ética de Negócios, Controles Internos, Gestão de Riscos Corporativos, Fraudes e Relatórios Financeiros.

Segundo o Coso, controle interno é um processo. Este processo é constituído de 5 elementos, que estão inter-relacionados entre si, e presentes em todo o controle interno. Os 5 elementos são:

- Ambiente de Controle

- Avaliação e Gerenciamento dos Riscos

- Atividade de Controle

- Informação e Comunicação

- Monitoramento

Primeiro Elemento: Ambiente de Controle

Ambiente de controle é a consciência de controle da entidade, sua cultura de controle. Ambiente de controle é efetivo quando as pessoas da entidade sabem quais são suas responsabilidades, os limites de sua autoridade e se têm a consciência, competência e o comprometimento de fazerem o que é correto da maneira correta. Ou seja: os funcionários sabem **o que** deve ser feito? Se sim, eles sabem **como** fazê-lo? Se sim, eles **querem** fazê-lo? A resposta não a quaisquer dessas perguntas é um indicativo de comprometimento do ambiente de controle.

Ambiente de controle envolve competência técnica e compromisso ético; é um fator intangível, essencial à efetividade dos controles internos.

A postura da alta administração desempenha papel determinante neste componente. Ela deve deixar claro para seus comandados quais são as políticas, procedimentos, Código de Ética e Código de Conduta a serem adotados. Estas definições podem ser feitas de maneira formal ou informal, o importante é que sejam claras aos funcionários da organização. O exemplo "vem de cima": quem dá o tom de controle da entidade são seus principais administradores.

Dicas

- O ambiente de controle é mais efetivo na medida em que as pessoas tenham a sensação que estão sendo controladas;

- Certifique-se que os funcionários conhecem suas responsabilidades e a função de seus serviços;

- Verifique se há um plano adequado de treinamento;

- Verifique se os funcionários sabem qual o padrão de conduta e ética a serem seguidos;

- Verifique se são tomadas as ações corretivas disciplinares devidas, quando o funcionário não agir de acordo com os padrões de conduta e comportamento esperados ou de acordo com as políticas e procedimentos recomendados.

Segundo Elemento: Avaliação e Gerenciamento dos Riscos

As funções principais do controle interno, como vimos, estão relacionadas ao cumprimento dos objetivos da entidade. Portanto, a existência de objetivos e metas é condição *"sine qua non"* para a existência dos controles internos. Se a entidade não tem objetivos e metas claros, não há necessidade de controles internos.

Uma vez estabelecidos e clarificados os objetivos, deve-se:

- identificar os riscos que ameacem o seu cumprimento; e

- tomar as ações necessárias para o gerenciamento dos riscos identificados.

Avaliação de riscos é a identificação e análise dos riscos associados ao não cumprimento das metas e objetivos operacionais, de informação e de conformidade. Este conjunto forma a base para definir como estes riscos serão gerenciados.

Os administradores devem definir os níveis de riscos operacionais, de informação e conformidade que estão dispostos a assumir. A avaliação de riscos é uma responsabilidade da administração, mas cabe à Auditoria Interna fazer uma avaliação própria dos riscos, confrontando-a com a avaliação feita pelos administradores. A identificação e gerenciamento dos riscos é uma ação proativa, que permite evitar surpresas desagradáveis.

Identificação dos riscos

Risco é a probabilidade de perda ou incerteza associada ao cumprimento de um objetivo. Para cada objetivo proposto deve ser feito um processo de identificação dos riscos.

Como auxílio neste processo de identificação dos riscos, sugerimos que o auditor responda as perguntas abaixo, para cada objetivo elencado, anotando as respostas que representarem uma ameaça possível:

- O que pode dar errado?

- Como e onde podemos falhar?

- O que deve dar certo ?

- Onde somos vulneráveis?

- Quais ativos devemos proteger?

- Temos algum ativo líquido ou de uso alternativo?

- Como podemos ser roubados ou furtados?

- Como poderiam interromper nossas operações?
- Como sabemos se nossos objetivos foram (ou não) alcançados?
- Quais informações são as mais importantes ?
- Onde gastamos mais dinheiro?
- Como faturamos e cobramos nossas vendas?
- Quais decisões requerem mais análise?
- Quais atividades são mais complexas?
- Quais atividades são mais regulamentadas?
- Quais são nossas maiores exposição ao risco legal?

Análise dos Riscos

Uma vez identificados os riscos, devemos avaliá-los, levando em conta os seguintes aspectos:

- qual a probabilidade (freqüência) dos riscos ocorrerem?
- em caso de ocorrer, qual seria o impacto nas operações, considerando os aspectos quantitativos e qualitativos?
- verifique, em sua opinião, quais ações seriam necessárias para administrar os riscos identificados.

Dicas

- Certifique-se que a entidade tenha uma missão clara, e que as metas e objetivos estejam formalizados
- Avalie os riscos a nível de dependência e setor
- Avalie os riscos a nível de processo
- Elabore um papel de trabalho para cada atividade relevante, priorize as atividades e processos mais críticos e aquelas que podem ser melhoradas.

Terceiro Elemento: Atividades de Controle

São aquelas atividades que, quando executadas a tempo e maneira adequados, permitem a redução ou administração dos riscos. As atividades de controle compreendem o que, na sistemática de trabalho anterior à do COSO, era tratado como controle interno. Podem ser de duas naturezas: atividades de **prevenção** ou de **detecção**. As principais atividades de controle, e suas respectivas naturezas, são:

a) – Alçadas (prevenção): são os limites determinados a um funcionário, quanto a possibilidade deste aprovar valores ou assumir posições em nome da instituição. Exemplos:

Estabelecimento de valor máximo para um caixa pagar um cheque

Estabelecimento dos tetos assumidos por um operador de mercado para cada horizonte de investimento

Estabelecimento de alçada operacional para o Comitê de Crédito de uma agência.

b) – Autorizações (prevenção): a administração determina as atividades e transações que necessitam de aprovação de um supervisor para que sejam efetivadas. A aprovação de um supervisor, de forma manual ou eletrônica, implica que ele (ou ela) verificou e validou a atividade ou transação, e assegurou que a mesma está em conformidade com as políticas e procedimentos estabelecidos. Os responsáveis pela autorização devem verificar a documentação pertinente, questionar itens pouco usuais, e assegurarem-se de que as informações necessárias à transação foram checadas, antes de darem sua autorização. Jamais devem assinar em branco ou fornecerem sua senha eletrônica

c) – Conciliação (detecção): é a confrontação da mesma informação com dados vindos de bases diferentes, adotando as ações corretivas, quando necessário

d) – Revisões de Desempenho (detecção): Acompanhamento de uma atividade ou processo, para avaliação de sua adequação e/ou desempenho, em relação às metas, aos objetivos traçados e aos *benchmarks*, assim como acompanhamento contínuo do mercado financeiro (no caso de bancos), de forma a antecipar mudanças que possam impactar negativamente a entidade. Exemplos:

- monitoração do comportamento de usuários de cartões de crédito (lugares inusitados, produtos diferentes etc.)

- monitoração e questionamento de flutuações abruptas nos resultados de agências, produtos, carteiras próprias e de terceiros

- monitoração de valores realizados e orçados em unidades, com o objetivo de identificar dificuldades/problemas

- acompanhamento da concorrência, visando o lançamento de novos produtos

e) – Segurança Física (prevenção e detecção): os valores de uma entidade devem ser protegidos contra uso, compra ou venda não-autorizados. Um dos melhores controles para proteger estes ativos é a segurança física, que compreende controle de acessos, controle da entrada e saída de funcionários e materiais, senhas para arquivos eletrônicos, 'call-back' para acessos remotos, criptografia e outros. Incluem-se neste controle os processos de inventário dos itens mais valiosos para a entidade (p.ex., conferência de numerário)

f) – Segregação de Funções (prevenção): a segregação é essencial para a efetividade dos controles internos. Ela reduz tanto o risco de erros humanos quanto o risco de ações indesejadas. Contabilidade e conciliação, informação e autorização, custódia e inventário, contratação e pagamento, administração de recursos próprios e de terceiros, normatização (gerenciamento de riscos) e fiscalização (auditoria) devem estar segregadas entre os funcionários

g) – Sistemas Informatizados (prevenção e detecção): controles feitos através de sistemas informatizados dividem-se em dois tipos:

- controles gerais: pressupõe os controles nos centros de processamentos de dados e controles na aquisição, desenvolvimento e manutenção de programas e sistemas. Exemplos: organização e manutenção dos arquivos de back-up, arquivo de log do sistema, plano de contingência;

- controles de aplicativos: são os controles existentes nos aplicativos corporativos, que têm a finalidade de garantir a integridade e veracidade dos dados e transações. Exemplos: validação de informações (checagem das informações com registros armazenados em banco de dados).

h) – Normatização Interna (prevenção): é a definição, de maneira formal, das regras internas necessárias ao funcionamento da entidade. As normas devem ser de fácil acesso para os funcionários da organização, e devem definir responsabilidades, políticas corporativas, fluxos operacionais, funções e procedimentos.

As atividades de controle devem ser implementadas de maneira ponderada, consciente e consistente. Nada adianta implementar um procedimento de controle, se este for executado de maneira mecânica, sem foco nas condições e problemas que motivaram à sua implantação. Também é essencial que as situações adversas identificadas pelas atividades de controles sejam investigadas, adotando-se tempestivamente as ações corretivas apropriadas.

Quarto Elemento: Informação e Comunicação

A comunicação é o fluxo de informações dentro de uma organização, entendendo que este fluxo ocorre em todas as direções – dos níveis hierárquicos superiores aos níveis hierárquicos inferiores, dos níveis inferiores aos superiores, e comunicação horizontal, entre níveis hierárquicos equivalentes.

A comunicação é essencial para o bom funcionamento dos controles. Informações sobre planos, ambiente de controle, riscos, atividades de controle e desempenho devem ser transmitidas à toda entidade. Por outro lado, as informações recebidas, de maneira formal ou informal, de fontes externas ou internas, devem ser identificadas, capturadas, verificadas quanto à sua confiabilidade e relevância, processadas e comunicadas às pessoas que as necessitam, tempestivamente e de maneira adequada.

O processo de comunicação pode ser formal ou informal. O processo formal acontece através dos sistemas internos de comunicação – que podem variar desde complexo sistemas computacionais a simples reuniões de equipes de trabalho – e são importantes para obtenção das informações necessárias ao acompanhamento dos objetivos operacionais, de informação e de conformidade. O processo informal, que ocorre em conversas e encontros com clientes, fornecedores, autoridades e empregados é importante para obtenção das informações necessárias à identificação de riscos e oportunidades.

A informação é o combustível que move as organizações.

Dicas

Informação e comunicação são conceitos simples. No entanto, comunicar e conseguir informações com as pessoas, de maneira prática e tempestiva, é sempre um desafio. Quando o auditor estiver preenchendo um PT sobre uma atividade ou processo, é importante avaliar a qualidade dos sistemas e fluxos das informação pertinentes na dependência auditada. Uma maneira de fazer esta avaliação é responder às seguintes perguntas:

- A dependência consegue a informação que necessita de maneira prática e tempestiva?

- A dependência tem conseguido obter as informações importantes para avaliação dos riscos internos e externos?

- A dependência tem conseguido obter informações de desempenho – i.e., informações que permitem saber se os objetivos operacionais, de informação e conformidade estão sendo atingidos?

- A dependência identifica, captura, processa e comunica as informações necessárias a seus clientes e fornecedores em tempo hábil e de maneira prática?

Quinto Elemento: Monitoramento

O monitoramento é a avaliação dos controles internos ao longo do tempo. Ele é o melhor indicador para saber se os controles internos estão sendo efetivos ou não.

O monitoramento é feito tanto através do acompanhamento contínuo das atividades quanto por avaliações pontuais, tais como auto-avaliação, revisões eventuais e auditoria interna.

A função do monitoramento é verificar se os controles internos são adequados e efetivos. Controles adequados são aqueles em que os cinco elementos do controle (ambiente, avaliação de riscos, atividade de controle, informação & comunicação e monitoramento) estão presentes e funcionando conforme planejado. Controles são eficientes quando a alta administração tem uma razoável certeza:

- Do grau de atingimento dos objetivos operacionais propostos;

- De que as informações fornecidas pelos relatórios e sistemas corporativos são confiáveis; e

- Leis, regulamentos e normas pertinentes estão sendo cumpridos.

4.3 – Controles preventivos e detectivos

Considerando o momento de sua aplicação, temos os seguintes tipos de controle organizacional:

Controles preventivos: são o conjunto de mecanismos e procedimentos utilizados para analisar as operações que são projetadas para atingir, mesmo antes de sua autorização ou antes de seu começo, com o fim de determinar a veracidade e legalidade das operações e, finalmente, a sua conformidade com os planos, programas e orçamentos.

Estes controles garantem que antes de uma ação começar, tenha sido feito o orçamento de Recursos Humanos, de materiais e recursos financeiros que serão necessários. Os orçamentos financeiros são o tipo mais comum de controle preventivo, porque a aquisição de empregados, equipamentos e suprimentos requer dinheiro. A programação é outro importante tipo de controle preventivo, pois estas atividades preliminares também exigem que uma considerável quantidade de tempo seja investida.

O controle preventivo é responsabilidade exclusiva de cada organização, como parte de seus próprios sistemas de controlo interno. Por esta razão, diz-se que o controle preventivo é sempre interno. Os administradores de cada empresa são responsáveis de assegurar que o controle preventivo esteja integrado nos sistemas administrativos e financeiros, e seja realizado pelo pessoal interno responsável pela realização desse trabalho.

Os controles simultâneos : são aqueles feitos durante o desenvolvimento de uma atividade. O mais conhecido desse tipo de controle é a supervisão é direta. Assim, um supervisor observa as atividades dos trabalhadores, e pode corrigir as situações problemáticas assim que aparecerem.

Atualmente, os sistemas de computadores podem ser programados para dar ao operador uma resposta imediata. Caso ele cometer um erro ou processar uma informação errada, o sistema de controles simultâneos do sistema irá rejeitar a ordem e indicarão onde está o erro.

Os controles posteriores são aqueles que são feitos após a ação. Assim, são determinadas as causas de qualquer desvio ou violação do plano original, e os resultados são aplicados a atividades futuras semelhantes. Por exemplo, nas Auditorias Contábeis, estatística, contabilidade, etc.

Fontes de controle.

De acordo com Don Hellriegel, as fontes de controle básicas são quatro: grupos interessados, a própria organização, os grupos e os indivíduos.

O controle dos grupos interessados : refere-se às pressões externas que recebe a empresa para que modifique determinados comportamentos. Exemplos de tais fontes incluem sindicatos, órgãos governamentais, clientes, fornecedores, acionistas e outros.

O controle organizacional refere-se às regras e procedimentos formais, mesmo preventivos ou corretivos, de violações dos planos, e o logro dos objetivos planejados. Exemplos desses controles são as regras, políticas, normas, orçamentos, auditorias e outros.

O controle grupal refere-se às regras, normas, valores compartilhados por membros de um grupo e mantidos através de prêmios e punições; por exemplo, tirar a autoridade a um membro do grupo, ou elegê-lo representante dos outros grupos, e assim por diante.

O autocontrole individual refere-se aos mecanismos de orientação que operam em um indivíduo ou pessoa, consciente ou inconscientemente. A chamada Ética Profissional é um ponto de partida importante para o autocontrole individual. Para ser um profissional bem sucedido é necessário adquirir conhecimentos, atitudes e habilidades específicas e formas de comportamento básicas. Não importa a profissão, Contador, Advogado, Engenheiro, Administrador de Empresas, doutor, etc, espera-se que eles exerçam o autocontrole individual na condução dos seus trabalhos, com base em padrões éticos e morais de suas respectivas profissões.

4.4 – Monitoramento contínuo

A Auditoria Contínua/Monitoramento Contínuo fornece profundo conhecimento sobre as áreas e risco e oportunidades, enquanto fortalece as estruturas de governança corporativa.

Os profissionais de Auditoria Interna, tradicionalmente responsáveis pela avaliação independente dos riscos e controles das empresas, assim como pela identificação de oportunidades de melhoria em seus processos de negócios, passaram a assumir, mais recentemente, um papel importante nas estruturas de gestão de riscos. Auditores e a própria empresa podem se beneficiar com essa visão mais ampla.

Atualmente uma diversidade de riscos, com destaque para os "não financeiros", passa a ter impacto significativo no valor da organização. Eis um dos grandes diferenciais que a expertise dos Auditores Internos apresenta ao mercado. A "nova" Auditoria Interna apóia o Conselho de Administração a dar conta de suas responsabilidades na supervisão dos processos, colabora para que a alta administração alcance um modelo inteligente de gerenciamento de riscos e é fator importante na estruturação do planejamento estratégico das organizações.

Trata-se de um desafio para os profissionais da área, mas a adequação a esse recente cenário em que novos papéis são exigidos é um ponto fundamental para as empresas que buscam rentabilidade, diferencial competitivo e estratégias mais eficientes.

No atual complexo cenário econômico, vem ocorrendo um aumento no foco da adoção de formas inovadora para avaliar e gerenciar riscos enquanto aprimoramento do desempenho.

Os avanços tecnológicos vêm pavimentando o caminho para o aumento do uso de Auditoria Contínua/Monitoramento Contínuo nos processos, transações, sistemas e controles das organizações. As organizações estão utilizando tecnologias como fator de mudança na forma com que avaliam a efetividade dos controles e o monitoramento do seu desempenho.

4.5 – Princípio de segregação de funções

O **Princípio da Segregação de Funções** é uma regra de Controle Interno para evitar falhas ou fraudes na entidade porque descentraliza o poder estabelecendo independência para as funções de execução operacional, custódia física e contabilização. Ninguém deve ter sob sua inteira responsabilidade todas as fases inerentes a uma operação. Cada uma dessas fases deve, preferencialmente, ser executada por pessoas e setores independentes entre si.

Ninguém deve ter sob sua inteira responsabilidade todas as fases inerentes a uma operação.

Um elemento importante em qualquer plano de organização é a independência estrutural das funções de operação, custódia, contabilidade e auditoria interna que requer uma separação de funções de tal forma que os registros existentes, fora de cada departamento, sirvam como controle das atividades, dentro do departamento. Embora separados deverá haver sinergia para que o fluxo seja suave e eficiente. Além da divisão funcional das obrigações, deve ser estabelecida a responsabilidade dentro das seções. Juntamente com a responsabilidade, deve haver uma delegação de autoridade que faça cumprir tais responsabilidades. A responsabilidade e a correspondente delegação de autoridade precisam estar claramente definidas e colocadas no organograma funcional, Plano Organizacional ou manual da estrutura organizacional da empresa, seja lá como for chamar.

Desta feita, nenhum empregado ou seção administrativa deve participar ou controlar todas as fases inerentes à execução e controle da despesa pública, mas deve ser executada por pessoas e setores independentes entre si, inclusive, possibilitando a realização de uma verificação cruzada, conforme o **Princípio da Segregação de funções**, derivada do **Princípio da Moralidade** Administrativa, esta ínsito no art. 37, caput, da Constituição Federal e aquela no Capítulo VII, seção VIII, item 3, inciso IV, da **IN nº 001/2001*** da **Secretaria Federal de Controle Interno do Ministério da Fazenda**, senão vejamos:

> CONSTITUIÇÃO FEDERAL
>
> Art. 37. A administração pública direta e indireta de qualquer dos Poderes da União, dos Estados, do Distrito Federal e dos Municípios obedecerá aos princípios de legalidade, impessoalidade, **moralidade**, publicidade e eficiência [...]

INSTRUÇÃO NORMATIVA nº 001/2001 Secretaria Federal de Controle Interno do Ministério da Fazenda

CAPÍTULO VII - NORMAS FUNDAMENTAIS DO SISTEMA DE CONTROLE INTERNO DO PODER EXECUTIVO FEDERAL.

Seção VIII – Normas relativas aos controles internos administrativos.

Princípios de controle interno administrativo, Item 3.

IV. **segregação de funções** - a estrutura das unidades/entidades deve prever a separação entre as funções de **autorização/aprovação de operações**, **execução**, **controle** e **contabilização**, de tal forma que nenhuma pessoa detenha competências e atribuições em desacordo com este princípio;

4.6 – Indicadores de fraudes

As **fraudes e desvios** ocorrem em todos os tipos de organizações e são algumas vezes **facilitadas** nas empresas onde a **complexidade das operações é maior**, nas que são **geograficamente dispersas**, onde a **gestão é descentralizada**, onde os **padrões éticos são fracos** e também nas empresas menores, onde o nível de controle e governança é mais baixo.

Podem incluir desvios diretos de **estoques, bens patrimoniais ou financeiros**, bem como fraudes em prol do **atingimento de metas**, para o recebimento de bônus e remuneração variável, fraudes na **folha de pagamento**, maquiagem contábil para **melhoria de indicadores** para concorrências ou captação de recursos, entre várias outras formas de fraudes e desvios.

Fortalecer valores e a ética, com controles gerenciais para redução do risco de fraudes e desvios é fundamental.

As necessidades de uma auditoria especial de fraudes e desvios podem se originar de:

Denúncias internas ou externas.

Desconfiança.

Perdas identificadas e mal explicadas.

Necessidade de evidenciar desvios identificados.

Variações anormais de contas, saldos, etc.

Identificação de riscos e vulnerabilidades.

Desejo de aumentar o nível de controle.

Desejo de aumentar os padrões éticos.

A auditoria ainda não é bem compreendida pela maioria dos seus usuários, talvez pela divulgação ou, quem sabe até porque suas necessidades vão além dos objetivos do trabalho do auditor.

Um fato de suma importância, e que precisa ser considerado, é a expectativa que a maioria das pessoas tem em relação à detecção de fraudes e erros por parte do auditor. A diferença de expectativa na auditoria tem vindo a afetar os profissionais de auditoria desde há largos anos, sendo responsáveis pelo ambiente de críticas e litígio, movido por parte de tribunais, políticos, imprensa e pela sociedade, contra os auditores, relativamente à sua qualidade e ao seu desempenho.

Dentro da classe contábil, entende-se que esse não é o objetivo principal da auditoria, podendo, as fraudes e erros virem a serem detectadas no decurso dos trabalhos, como conseqüência das averiguações de controles internos e demais procedimentos técnicos. O que compete realmente ao auditor é, ao se deparar com sinais que o alertem para possíveis erros ou fraudes, despender todos os esforços necessários a averiguações do assunto e, ao constatar erros relevantes ou fraudes, emitir relatórios e encaminhá-lo à administração da entidade inclusive sugerindo correções.

Ainda sob esse aspecto, surge a reflexão acerca do papel da auditoria e sua responsabilidade diante do quadro econômico e social pelo qual a sociedade passa.

NOÇÕES HISTÓRICAS DE AUDITORIA

Apesar de a auditoria ter conhecido importantes mudanças nos últimos anos à confiança no seu desempenho não é uma questão recente. A pressão das forças econômicas que acompanha a profissão de auditoria desde os seus primórdios bem como a sua adaptabilidade à realidade econômica e às exigências da sociedade tem originado o seu desenvolvimento. A auditoria surgiu no mesmo momento em que a propriedade dos recursos financeiros e a responsabilidade da sua aplicação à produção deixaram de estar ao cuidado de uma única pessoa, como ocorre naturalmente quando uma instituição adquire um determinado tamanho e grau de responsabilidade.

Atualmente, a auditoria é concebida num ponto de vista mais restrito, consiste na comprovação da veracidade da informação contida na demonstração financeira e apenas nasce na Europa depois da Revolução Industrial, já em pleno século XIX.

DEFINIÇÕES E OBJETIVOS DA AUDITORIA

De acordo com as Normas Brasileiras de Contabilidade, especificamente, a NBC T11, aprovada pela Resolução CFC nº 820, de 17 de dezembro de 1.997, é que trata da auditoria independente das demonstrações contábeis. "Auditoria das demonstrações contábeis constitui o conjunto de procedimentos técnicos que tem por objetivo a emissão de parecer sobre a sua adequação, consoante aos Princípios Fundamentais de Contabilidade e as

Normas Brasileiras de Contabilidade e, no que for pertinente a legislação específica". A partir desse conceito, vê-se que um trabalho de auditoria é o de expressar uma opinião independente acerca da fidedignidade das demonstrações contábeis de uma empresa.

A IMPORTÂNCIA DOS CONTROLES INTERNOS

Para a execução do trabalho de auditoria são realizados procedimentos técnicos com vista á obtenção de evidências que servirão de base para a formação da opinião do auditor quanto ás demonstrações contábeis da empresa.

Assim sendo, é importante ressaltar que, dentro desse trabalho o estudo e a avaliação dos controles internos devem ser realizados com o maior rigor, pois a dimensão do trabalho está intrinsecamente ligada ao grau de confiabilidade desses controles.

A metodologia contábil bem manipulada por componentes profissionais, mediante análises dos fatos econômico-financeiros, permite à administração conhecer o que:

ACONTECEU =>DEVERIA TER ACONTECIDO => ACONTECERÁ => DEVERIA ACONTECER => PODERÁ ACONTECER.

Antes de elaborar o plano ou programa que nos guiará nos trabalhos de auditoria, é necessário observar como se encontram os controles da empresa.

Quanto melhor o controle, mais segurança para o trabalho. Quanto menor o controle, mais cuidado será exigido na execução das tarefas.

O controle interno de uma empresa é definido como um plano de organização e o conjunto de métodos e medidas adotados pela empresa para proteger seu patrimônio, verificar a exatidão e o grau de confiança de seus dados contábeis, bem como promover a eficiência operacional. A grande relevância do controle interno é que precisa possuir qualidade, já que uma de suas funções é a de prevenção contra erros e fraudes.

Por controles internos entendemos todos os instrumentos da organização destinados à vigilância, fiscalização e verificação administrativa, que permitam prever, observar, dirigir ou governar os acontecimentos que se verificam dentro da empresa e que produzam reflexos em seu patrimônio. (FRANCO, 2001, MARRA, 2001, p. 267).

A avaliação dos controles internos está normalizada na Resolução CFC nº 820/97, sendo importante destacar que apesar de ser responsabilidade da administração da empresa, compete ao auditor sugerir melhorias caso considere necessário, já que é a continuidade da entidade que está em jogo.

Ainda segundo a Resolução CFC nº820/97, o auditor deve efetuar o estudo e avaliação do sistema contábil e de controles internos da entidade, com base para determinar a natureza, oportunidade e extensão da aplicação dos procedimentos de auditoria, considerando:

a) O tamanho e a complexidade das atividades da entidade.

b) Os sistemas de informação contábil para efeitos tanto internos quanto externos.

c) As áreas de risco de auditoria.

d) A natureza da documentação, em face dos sistemas de informação adotados pela entidade.

e) O grau de envolvimento da auditoria interna, se existente.

Alguns pesquisadores sugerem que ao avaliarem controles internos, os auditores utilizem questionários que poderão servir de roteiro para a realização dessa tarefa. Os principais pontos a serem observados pela auditoria, referem-se à avaliação do ambiente de controle existente e à avaliação dos procedimentos de controles adotadas, devendo o auditor levantar respostas para questões como: as relacionadas com a integridade e competência da administração; sua estrutura organizacional; existência de segregação de funções e política de pessoal; existência de transações anormais; a forma de execução das tarefas dentro da entidade, incluindo aí a elaboração das demonstrações contábeis, revisões e conciliações de contas, inspeções físicas, arquivo de documentos e a segurança do sistema de informação computadorizado adotado entre outras.

Nos itens relacionados acima, observa-se que todas passam por questões extremamente importantes: qualidade do pessoal e planejamento e controle da execução de atividades.

A par da questão de planejar e controlar, a empresa deve tomar cuidado com a segregação de função, às vezes, o funcionário é antigo de inteira confiança que faz desnecessário ou excesso de zelo tal medida. É de vital importância separar as funções de autorizar transação, executá-las, registrá-las e contabilizar seus resultados.

Não segregar as funções pode oferecer oportunidades para fraudes e erros, a que nem sempre as pessoas conseguem resistir, principalmente aquelas que não possuem formação ética, e àquelas que executam suas atividades com o mínimo de atenção.

As empresas preocupadas com implantação e manutenção de programas de educação continuada, cargos e salários dos seus funcionários, constante conscientização da importância das tarefas que eles desenvolvem dentro da instituição terão funcionários mais motivados, proativos, éticos e colaboradores do processo de gestão, assegurando, desta maneira, a eficiência e eficácia dos controles internos.

DETECÇÃO DE FRAUDE E ERRO EM AUDITORIA

O destarte principal da auditoria não é a detecção da fraude, mas sim o de emitir uma opinião quanto à veracidade das demonstrações contábeis; no entanto, na execução do trabalho poderão ser detectados erros ou fraudes, cabendo ao auditor o dever de comunicar á administração da empresa, bem como seus reflexos nas demonstrações contábeis, incluindo também sugestões de correções.

A NBC T11 define fraude e erro:

Auditoria para Concursos Públicos

Fraude: o ato intencional de omissão ou manipulação de transações, adulteração de demonstrações contábeis; e.

Erro: o ato não intencional resultante de omissão, desatenção ou má interpretação de fatos na elaboração de registros e demonstrações contábeis.

Ao verificar indícios de fraude ou erro, cabe ao auditor averiguar as diligências da situação, realizando todos os procedimentos cabíveis, a fim de obter as evidências necessárias sobre o assunto.

Sá (1998, p.51) afirma que o auditor localiza, relata a correção dos erros, mas não é sua responsabilidade a execução da correção.

Os erros intencionais ou fraudes podem ser cometidos para: subtrair mercadorias, matérias-primas, produtos e resíduos; subtrair dinheiro, subtrair títulos, iludir o fisco, evitando o pagamento de impostos, dissimular atos sujeitos a penalidades, encobrir falta de terceiros, alterar resultados para usufruir maiores percentagens em lucros, simular ocorrências, iludir a opinião de acionistas e autoridades monetárias, etc.

Como se observam vários são os objetivos para cometerem fraudes nas empresas, por isso se exige do auditor muita competência, astúcia e ceticismo, para que, ao deparar com possíveis sinais de fraudes, tenha a capacidade de desmascará-las.

Diante disso, pode-se afirmar que alguns setores ou atividades dentro das empresas são particularmente passíveis de fraudes e erros merecem especial atenção do auditor no que se refere à verificação dos controles internos e a possíveis indícios de esquemas, a saber:

Setor financeiro: compreendem o caixa efetivamente, bancos, contas a pagar e a receber, merece a averiguação minuciosa quanto a repetitivos endossos de cheques, reclamações de clientes que afirmam estar sendo cobrados indevidamente, pagamentos de fornecedores em duplicidade, saldos de contas contábeis antigos e sem movimentação, documentos suspeitos e que pareçam ser forjados ou ter sofrido adulterações, etc;

Almoxarifado: especial atenção em relação a ajustes em demasia e diferenças em contagens de estoques, itens de inventário que pareçam não estar sendo movimentados há algum tempo, interesses particulares de funcionários nas contagens dos estoques, etc;

Compras: relacionamento com fornecedores são extremamente difíceis de controlar, pois o esquema de fraude pode efetuar-se mediante repasse de recursos para contas bancárias do fraudador, ou até mesmo em dinheiro, como também pode ocorrer por meio de privilégios e presentes desconhecidos pela empresa, etc;

Vendas: podem ocorrer situações de descontos e prazos não usuais, concessão de créditos indevidos, etc;

Os setores e atividades descritos acima normalmente são cenários de fraudes que beneficiam funcionários das empresas. No entanto também podem, e o auditor deve ficar bastante alerta para isso também, ocorrer situações de esquemas montados para o beneficiamento da empresa, nos quais normalmente o prejudicado é o fisco.

Nesse caso, a auditoria precisa ser muito cuidadosa, possuir conhecimento profundo do negócio do cliente e da legislação, para se certificar de que os procedimentos contábeis utilizados estão em conformidade com os princípios fundamentais de contabilidade e a legislação pertinente.

Um ponto a ser considerado no sentido de se aprimorar o trabalho do auditor na detecção de fraudes pode ser o da utilização de outros conhecimentos.

Tal posicionamento gera opiniões divergentes, uma vez que a fraude não é o objeto precípuo da auditoria, mas por outro lado, no momento atual, na tentativa de manutenção e expansão de mercados, esse trabalho pode vir a agregar valor à auditoria, merecendo, dessa maneira, estudos mais aprofundados.

A detecção de fraudes não é tarefa simples de se realizar, até porque pessoas que esquematizam fraudes normalmente são pessoas muito inteligentes e que tentam preservar-se de quaisquer suspeita, utilizando-se, para tal fim, de vários meios, inclusive as facilidades que a tecnologia trás. Em contrapartida a detecção do erro, é mais simples, porque o erro vem sempre seguido de falhas, ficando evidente que houve o erro devido à ignorância por parte de quem efetuou ou desenvolveu.

A RESPONSABILIDADE DO TRABALHO DO AUDITOR

Se a responsabilidade da detecção de fraudes deve ser ou não, o foco do trabalho do auditor, isso é irrelevante do ponto de vista do usuário externo. Ao se deparar com auditoria, principalmente, com leigo no assunto, a primeira idéia que transmitem é a de que o auditor é aquela pessoa que irá descobrir falcatruas, desvendar esquemas de corrupção, apropriação indébita e malversação de recursos.

A grande maioria da sociedade não conhece as verdadeiras responsabilidades do auditor, não sabe realmente qual a finalidade da auditoria, gerando ás vezes insatisfações e questionamentos em relação ao trabalho executado.

Dessa forma, entende-se que a auditoria, quando exercida com competência e seriedade, estará contribuindo para uma boa gestão tanto empresarial como pública. Assim sendo, é necessária, que se reflita profundamente quanto ao papel do auditor, sua obrigação atual e metas que deseja atingir, mas, acima de tudo, do que não se pode prescindir, nesta profissão, é do exercício da ética e da responsabilidade social.

CONCLUSÃO

Verificou-se por meio desta pesquisa, que os controles internos são vitais para resguardar a empresa quanto a esquemas de fraudes e erros. No entanto, a valorização, motivação e conscientização de seus funcionários são fatores igualmente relevantes. É preciso entender que o bom funcionamento dos controles internos depende da eficiência e eficácia das pessoas que os planejam e executam, e, nesse sentido, é cabível ressaltar que as pessoas estão sujeitas a pressões internas ou externas.

Outro aspecto relevante, também abordado neste artigo, é a questão do papel do auditor na avaliação dos controles internos, pois, no decorrer desse trabalho, é que as fraudes e erros podem vir a serem descobertas, dependendo muito de sua perspicácia para identificar áreas vulneráveis ou fatos suspeitos.

Constata-se assim que, mesmo que a detecção de fraudes e erros não seja o ponto principal de uma auditoria, esse assunto precisa ser tratado com muito profissionalismo e competência, devendo ser realizadas as averiguações e obtidas as evidencias, elaborando-se conseqüentemente, relatório à administração.

É importante, também que se reflita quanto à visão que os usuários externos têm da auditoria, já que por desconhecimento do assunto, na maioria das vezes, se exige mais do auditor do que lhe compete fazer.